COLLECTION FOLIO

Jean-Paul Kauffmann

Voyage à Bordeaux
1989

suivi de

Voyage en Champagne
1990

Gallimard

Voyage à Bordeaux *et* Voyage en Champagne, *dont l'initiative revient à la Caisse des dépôts et consignations, ont été publiés en 1989 et 1990 à la seule intention du notariat français, avec le concours de la maison de négoce Louis Gémon.*

© *Éditions des Équateurs*, 2011.

Journaliste et écrivain, ancien rédacteur en chef de *L'Amateur de Bordeaux* et fondateur de *L'Amateur de Cigare*, Jean-Paul Kauffmann est notamment l'auteur de *L'Arche des Kerguelen*, *La Chambre noire de Longwood* (prix Femina essai, Grand Prix RTL - *Lire*, prix Roger Nimier 1997), *La Lutte avec l'ange*, *Raymond Guérin*, *Courlande*, *Remonter la Marne*, *Voyage à Bordeaux* et *Voyage en Champagne*. Il a reçu pour l'ensemble de son œuvre le Grand Prix de littérature Paul Morand de l'Académie française en 2002 et le prix de la Langue française en 2009. Il partage sa vie entre les Landes et Paris.

NOTE DE L'ÉDITEUR

Proposés pour la première fois au public en 2011 et publiés dans une édition hors commerce, écrits il y a plus de vingt ans, les deux textes *Voyage à Bordeaux* et *Voyage en Champagne* appartiennent à un passé en grande partie révolu. Beaucoup de personnages décrits dans ces pages ont disparu.

À dessein, certaines informations n'ont pas été corrigées pour laisser à ces textes leur qualité de témoignage.

VOYAGE À BORDEAUX

1989

suivi d'une suite au Voyage à Bordeaux
et d'une postface de l'auteur, Un nouveau monde

VOYAGE À BORDEAUX, 1989

Très tôt, je me suis trompé sur le bordeaux. Enfant, je me demandais comment une ville pouvait être aussi le nom d'un vin. Dans la cave de la boulangerie paternelle je lisais sur les étiquettes « Grand Vin de Bordeaux ». Existait-il un « petit vin de Bordeaux » ? Je ne connaissais pas encore la hiérarchie de ces vins, aussi exacte que la science héraldique et aussi compliquée que la politesse chinoise. Nous buvions alors un saint-émilion « grand cru ». Cet air de supériorité affiché par les vins de Bordeaux m'en imposait : on avait affaire à des seigneurs.

J'ignorais alors que beaucoup appartenaient à la noblesse d'Empire : à Bordeaux tout le monde a son « château », fût-il une humble demeure. Aujourd'hui le vignoble bordelais compte plus de quatre mille châteaux. Saluons le sang-froid de ceux qui conservent le nom de « domaine » ou de « clos ». La noblesse d'Empire n'est pas une fausse noblesse. Son seul handicap est sa relative nouveauté. Le fameux classement de 1855 contient la liste de quelque quatre-vingts crus du Médoc et du Sauternais. Il n'indique comme « châteaux » que Lafite, Margaux, Latour et un second cru Issan. Ni Haut-Brion ni Yquem, qui peuvent revendiquer historiquement ce titre, ne portent cette mention. Je renonce à vous parler du classement des crus bourgeois, établi en 1932, revu en 1966. C'est un véritable casse-tête que le *Féret* — la bible des vins de Bordeaux — juge avec sévérité en raison notamment de sa « confusion ».

Le bordeaux est un long apprentissage. Si l'on n'a pas le privilège de naître dans un tonneau, il faut de la patience, un peu de mémoire et surtout de la sincérité.

J'ai passé mon enfance et mon adolescence en Bretagne, pays traditionnellement amateur de saint-émilion, considérés alors comme les « parents pauvres » des grands vins de Bordeaux. Saint Émilion en personne était d'origine bretonne, natif de Vannes. Les négociants des Chartrons exportaient aussi bien leurs vins vers la Grande-Bretagne que vers la « petite » Bretagne française. Un cabotage vinicole reliait la Gironde et ses fleuves aux ports de Bretagne. Jusqu'à l'entre-deux-guerres, un négociant de Libourne chargeait ses vins à bord de voiliers et de vapeurs à destination de Vannes, Lorient, Saint-Malo.

Ce qui me plaisait dans le bordeaux : la forme

de la bouteille ! Avec son hausse-col de gentilhomme, ses rondeurs élégantes quoiqu'un peu sévères et cette façon souveraine de garder la ligne, elle tranchait avec l'épaule basse et tombante de la grosse bourguignonne utilisée aussi pour le muscadet et les coteaux-du-layon nombreux dans la cave paternelle. La rectitude des bouteilles bordelaises, ce ventre sans embonpoint, ce col rigide, me paraissait une garantie de probité. Avec leur panse arrondie, il me semblait que les autres bouteilles se laissaient aller. À quoi tient la naissance d'une passion ? Plus tard j'ai appris que la bordelaise était une vraie fille du Sud. D'origine languedocienne, on l'appelait il y a deux siècles la « frontignane ».

Le bordeaux fut pour moi un long cheminement. Je pourrais parler de « voyage initiatique », mais le bordeaux n'a rien d'ésotérique. C'est peut-être une franc-maçonnerie, mais ouverte à tous. À vingt ans, que l'on me pardonne ce mauvais jeu de mots, on s'intéresse davantage à la robe des filles qu'à celle du vin. Le goût du vin naît plus tard, comme souvent celui de l'opéra, des fleurs, de la nature, de l'art. Le vin serait-il un plaisir d'homme mûr ? Non, mais c'est un attrait naturel lorsqu'on a un peu vécu et mesuré le monde qui nous entoure. Je prétends qu'on vient aux bons vins après en avoir bu de mauvais. C'est après avoir consommé un certain nombre de muscadets au goût herbacé, quelques beaujolais savonneux, et de fort médiocres millésimes de bordeaux à l'odeur de casse (1964 et 1967 notamment), qu'a germé cette idée : est-ce moi ou eux qui avons le goût frelaté ? Je me suis alors souvenu du saint-émilion de mon enfance. Mes cousins plus âgés m'en faisaient goûter en douce. Je les trouvais évidemment superbes puisque défendus.

Je venais de terminer mes études à l'École supérieure de journalisme de Lille qui s'achevaient par un stage obligatoire dans un journal de province. J'avais vingt-deux ans. Bien entendu je choisis Bordeaux, siège du quotidien *Sud-Ouest*. J'aurais beau jeu à présent d'affirmer que cette décision fut dictée par mon amour du vin de Bordeaux. Dans une vie, le hasard accomplit les trois quarts de la besogne. D'ailleurs, après coup, le hasard n'existe pas. Je crois à un certain déterminisme lorsqu'on a inconsciemment le goût d'une chose.

La vérité m'oblige à dire que je n'ai guère eu l'occasion de déguster de bons bordeaux pendant ce stage, excepté une fois. J'avais retrouvé un camarade de promotion dont la famille était établie depuis longtemps dans le commerce des vins. À Lille, il m'entretenait souvent de la cave familiale dans laquelle il puisait sans vergogne en l'absence de ses parents. Un soir d'août il m'appela au journal : « Viens vite, il n'y a personne. J'ai la clé de la cave. Apporte un bon camembert. » Je ne discutai pas et arrivai chez lui avec le camembert qu'il renifla longuement en concluant : « Tu l'as bien choisi. Il pue comme il faut. » Nous descendîmes un escalier de pierre. Je n'avais jamais vu une telle cave : des milliers de bouteilles rangées soigneusement par millésime. Odeur unique, profonde et humide. Ces bouteilles, je les sentais vivre, respirer. Cela était frais, entêtant. Mon ami choisit d'autorité un saint-émilion. Je ne me souviens plus du nom. Seule l'année est restée gravée dans ma mémoire : 1947. « Avec le camembert, c'est épatant, tu verras. » Ce le fut.

À présent je sais pourtant que la pâte forte et crémeuse du fromage ne pouvait qu'exterminer cette superbe bouteille. Mais il fallait que ce vin bu à dix heures du soir, en cachette, fût à tout prix admirable. L'autopersuasion est un des maux dont souffre la dégustation des vins. Je n'aime pas trop goûter au château. Le vin est toujours excellent. Tout invite à s'en éprendre : la cordialité, les belles paroles du propriétaire qui commente pour le seul visiteur dans la paix du chai. A-t-on jamais vu un viticulteur dénigrer son vin ? Or il est très facile d'influencer un dégustateur. On peut faire dire à une assemblée d'amateurs ce que l'on veut : tout jugement émis en premier induit ensuite le déroulement de cet exercice. Voilà pourquoi j'ai parlé au début de la nécessité de la sincérité. On commet toujours des bévues lors d'une dégustation, les grands noms de l'œnologie eux-mêmes ne sont pas à l'abri d'erreurs. L'on s'expose moins à des bourdes quand l'on dit franchement son opinion. Ce n'est pas facile : par paresse, gentillesse, on fait semblant. Par peur aussi du ridicule. Une bonne bouteille paralyse un non-initié lorsqu'il la déguste avec des connaisseurs. Il ignore le vocabulaire, il ne sait pas exprimer sa satisfaction ou sa déconvenue. Il craint d'être la risée de ceux qui savent. Un conseil : ne vous laissez jamais impressionner par la science de vos voisins. Soyez vous-même. Tant mieux si l'on peut communiquer à autrui ses sensations. Tant pis si l'on n'y parvient pas. Seul compte le plaisir des papilles. De toute façon, la dégustation telle qu'on la pratique aujourd'hui s'apprend facilement et l'on fait vite des progrès si l'on a un peu de mémoire.

On ne naît pas dégustateur, on le devient. C'est un apprentissage perpétuel. Aussi bien n'est-ce pas une science exacte. La langue française est assez pauvre dans le domaine des odeurs et du goût. On procède par analogie pour qualifier les substances volatiles présentes dans le vin : le linalol donne des odeurs de muscat et de fleur de sureau, l'acétate d'isoamyle sent la banane, etc. Pour qualifier le corps ou la structure d'un vin, on emploie des figures géométriques : rond, pointu, carré, etc.

L'art de la dégustation avec ses mots n'est qu'un moyen, pas une fin en soi. Brillat-Savarin avoue lui-même non sans humour qu'« il n'est pas facile de déterminer en quoi consiste l'organe du goût ». Baudelaire lui reprochait d'ailleurs de parler peu et mal du vin. Depuis Brillat-Savarin et Baudelaire, la dégustation s'est affinée mais il n'existe pas de théories unitaires sur les sensations et les odeurs. Chaque appellation a son vocabulaire spécifique et un arôme désigné par l'un ne correspond pas à l'idée ou l'image olfactive que s'en fait un autre. On peut mettre facilement un mot sur une couleur, pas sur une odeur ou une saveur. C'est un domaine où il est très facile d'inventer. Au cours de dégustations très pointues, certains renchérissent sur le voisin en inventant deux ou trois arômes de plus. Il ne faut pas se laisser abuser par cette exagération aromatique.

Je me souviens de mon premier reportage dans le vignoble bordelais à la fin des années 70. J'avais emporté avec moi toute ma documentation que je relisais fébrilement chaque soir et chaque matin à mon hôtel. Je craignais de commettre un impair. Ma première visite fut à Doisy-Védrines, à Barsac. Je n'étais pas très à l'aise. Éric Fournier, de Château Canon, qui assistait au déjeuner, a aujourd'hui la délicatesse de ne plus se souvenir de mon passage. Ma deuxième visite fut à Carbonnieux, dans les Graves. J'étais plein de bonne volonté. Anthony Perrin, le propriétaire, devina que la technique m'intéressait peu. Il eut la bonté de me raconter comment sa famille avait acquis cette propriété qui a beaucoup d'allure.

Mon troisième domaine fut Léoville-Las Cases (Saint-Julien). Je fis ainsi la connaissance de Michel Delon. Sa courtoisie était redoutable, son flair aigu. Avec lui inutile de ruser : il avait aussitôt reconnu le béotien. Je lui avouai mon ignorance. Je crois que ma modestie et mon désir d'apprendre le touchèrent. Il congédia ses collaborateurs, demanda à sa secrétaire qu'on ne le dérangeât point et se tourna vers moi. J'ai gardé avec exactitude le souvenir de ses paroles : « Vous êtes ignare mais non pas inculte. Il vaut mieux manquer d'expérience que de capacité, venez ! » Nous goûtâmes à plusieurs barriques. Ensuite il me fit déguster les cépages séparément. Dans les ténèbres, une lueur s'allumait. J'expérimentais pour la première fois la souplesse et la rondeur des merlots, la fermeté, la fraîcheur et l'élégance un peu austère des cabernet-sauvignon. J'ai appris beaucoup ce jour-là ! Je n'ai jamais oublié les mots savoureux exécutés avec cette adresse et cet humour pince-sans-rire qui est la marque de Michel Delon, l'homme le plus discret et le mieux renseigné du vignoble bordelais. Ce Père Joseph du Médoc a trouvé son Richelieu non pas en la personne d'un homme mais d'un vin : Las Cases, l'une des réussites incontestées de ces quinze dernières années.

Ce premier reportage fut une révélation. Je fus si troublé que je ne pus rien écrire. Je découvrais des vins aux saveurs inconnues. Derrière l'abstraction d'une étiquette apparaissaient des hommes, des paysages, toute une conduite que j'étais loin de soupçonner dans cette France de la fin des années 70. Cette douceur de vivre, cette politesse, ce raffinement, cette organisation domestique, je croyais que cela n'existait que dans les romans du XIXe siècle, avant la révolution industrielle.

Mon ami Bernard Ginestet, issu d'une grande dynastie du vin, bon connaisseur du milieu bordelais, affirme que « le vin de Bordeaux s'est mondialisé parce qu'il est un vecteur de communication hors pair » et il ajoute que c'est un « exceptionnel agent émulsionnant pour la liaison des esprits ». Que de dîners languissants auxquels j'ai participé où la conversation s'épuisait, soudain ravivée par un nom créant une réelle complicité entre les invités qui, auparavant, n'avaient rien à se dire. Il avait suffi de prononcer le mot « bordeaux ».

Ce nom est un sésame, il peut aussi être un veto. Le mot « bourgogne », lui, soulève d'autres sensations, entrouvre une autre philosophie. Le bourgogne est liant. Nul besoin d'être un initié pour savourer un bourgogne : ses parfums vous explosent au nez, son amabilité séduit aussitôt, alors que l'équilibre, la constitution d'un bordeaux peuvent être empreints de sévérité si l'on ne connaît pas les règles. Le bordeaux n'est pas volubile comme le bourgogne. C'est un vin un peu introverti, cérébral même. Mais dès qu'on a pénétré son caractère et ses façons parfois un peu raides, on le possède et on est envoûté pour toujours.

Le bordeaux est un vin qui s'apprend, on n'est pas immédiatement en complicité avec lui. Mais derrière ce vin parfois impénétrable se cachent un style, une composition, une harmonie d'exception. Ce caractère au départ inaccessible sera toujours la promesse d'une divulgation, il suffira d'apprendre ou d'attendre.

La nuance infinie de ses crus, leur tonalité apparentent le bordeaux à l'art de la peinture. On y trouve tous les genres. L'aquarelle, la fresque, la miniature. L'opulence et l'extravagance du sauternes pouvant être rapprochées de l'art baroque ; les grands saint-julien avec leur force contenue et maîtrisée qui empruntent à la fois au classicisme et laissent entrevoir l'éclat romantique me font songer à certaines compositions de Titien. L'épanouissement parfois un peu robuste des saint-estèphe pourrait rappeler le fauvisme. Les pompiers existent aussi, ces vinificateurs tombés dans l'académisme du fût neuf. Ils cèdent à l'emphase très à la mode des vins trop extraits, outrageusement vanillés, engendrés par le logement en barrique de chêne.

CÔTES DE BOURG

Connaissez-vous le Brouillon ? Ce petit cours d'eau ne mérite pas son nom. Il a de l'ordre, de la méthode. Il n'est pas très large, mais ce n'est pas un ruisseau. Son eau est vive, fraîche même en été. Cette rivière marque la frontière entre les côtes de Bourg et les côtes de Blaye. Le Brouillon aime la netteté. On lui a assigné la mission de démarquer les deux appellations. Il remplit honnêtement son office. Certains esprits chagrins estiment que c'est une délimitation un peu artificielle. Je ne suis pas de leur avis. Ce sont de modestes ruisseaux qui souvent ont dessiné la France et ses provinces.

À première vue, rien ne distingue le Bourgeais du Blayais. C'est apparemment le même paysage : tout y est harmonieux et tempéré. La pente douce des collines alterne avec des vallons peu profonds. Rien n'y heurte l'œil. Les habitations se fondent dans ce paysage si moelleux. Tout y est fait pour la paix de l'âme. Pour une fois l'homme a établi sur ce pays si ancien sa marque paisible.

À y regarder de près, les deux vignobles sont néanmoins différents. Dans le Blayais les plissements sont plus étirés, les paysages plus amples. Un des meilleurs producteurs de côtes-de-bourg, Jean-Louis Grillet, propriétaire de Château Monichot, m'a révélé un jour la différence : « À Bourg, ce sont des coteaux d'opérette, comme dans les vieux dessins animés américains. » C'est bien vu : rappelez-vous ces lapins turbulents et ces cochons facétieux évoluant toujours dans un paysage idyllique. Eh bien : c'est le Bourgeais. Certains le surnomment « la Suisse girondine » mais c'est une Suisse miniature et tempérée.

Je tiens la ville de Bourg pour la plus belle cité de Gironde, bien supérieure à Saint-Émilion qui a perdu de son âme. Je pense au parti que des gens peu regardants tireraient d'un lieu comme le quai Jean-Bart sur le port, en y installant des commerces clinquants et des terrasses de café. Tout y est sobre, intact, un peu désuet même, si l'on regarde dans les petites rues sombres où nombre d'antiques devantures sont abandonnées. La beauté de Bourg n'est pas éclatante. Il s'en dégage recueillement et immobilité : la ville haute avec ses murailles, ses terrasses secrètes d'où émerge une étrange maison mauresque, paraît sidérée dans sa pierre blanche. La rue Valentin-Besnard recèle de vieilles maisons qui s'ouvrent sur des jardins de curé aux parterres de buis. Je vous recommande l'extraordinaire échoppe de M. Birot, propriétaire de la Croix-Davids. Il a installé dans cette rue un magasin pour y recevoir ses clients. C'est une pièce sombre qui ressemble à un intérieur hollandais. Des toiles sont accrochées aux murs. À lui seul, par la profusion de bibelots et d'objets rares, ce lieu est un cabinet de curiosités. M. Birot est fier de son vin, de sa maison, de sa famille, de sa réussite. Sa fierté fait plaisir à voir.

La culture de la vigne dans ce pays est l'une des plus anciennes de France. Les coteaux sont généralement parallèles au fleuve. En bordure de la Dordogne et de la Gironde, ils se terminent parfois en véritables falaises. Ce sous-sol calcaire a fait la fortune de Bourg grâce aux immenses carrières qui ont fourni en pierre de taille la ville de Bordeaux. Nombre de châteaux du Médoc sont construits avec le tuf de Bourg.

« Dans les bonnes années, nos vins ont du bouquet et un goût d'amande très agréable », écrivait le docteur Aussel en 1865. Je n'ai personnellement jamais observé dans les côtes-de-bourg ces nuances d'amande, odeur peu agréable pour un vin rouge, laquelle résulte parfois d'un traitement défectueux au ferrocyanure de potassium. Peut-être le bon docteur Aussel veut-il parler d'odeur de fleur d'amandier, qui n'est pourtant pas la caractéristique des côtes-de-bourg. Le *Cocks et Féret* de 1868 déclare que c'est un vin qui a « de la chair et du nerf ».

C'est un peu vague. Bernard Ginestet, lui, parle « d'arôme un peu cru et sauvage » et « d'un corps puissant et massif ». Il est certain qu'on éprouve une certaine difficulté à définir la typicité des côtes-de-bourg, mais elle existe, il faut simplement savoir caractériser cette appellation qui monte. Le cépage merlot, majoritaire, confère à ce vin une riche couleur et un beau fruit. Le cabernet-sauvignon apporte sa structure tannique mais son usage n'est pas toujours aisé dans ce terroir car il dégénère facilement vers des odeurs végétales du genre foin coupé. On apprécie aussi dans cette appellation le malbec ou teinturin, cépage très vineux qui apporte une odeur particulière de cerise. Le dicton affirme que « le merlot fait le beau, le cabernet fait le bouquet, le teinturin fait le vin ».

J'apprécie pour ma part la robustesse des côtes-de-bourg : c'est un vin carré, paysan. Mais il faut s'entendre, il n'est pas fruste. Un peu emporté à sa jeunesse, il peut s'affirmer admirablement en vieillissant. Il m'a été donné de déguster chez Jean-Louis Grillet un 1970 du château Monichot. Vin très expressif et qui en remontrerait en race, en profondeur à des châteaux plus prestigieux des Graves et du Médoc. Le voisin de Monichot est Brulesécaille, qui produit un vin charpenté, plein de sève.

Sur la « route verte » du vignoble, le château Tayac domine le coteau face au confluent de la

Gironde et de la Dordogne. C'est une bâtisse extravagante construite à la fin du siècle dernier ; l'intérieur s'enorgueillit de boiseries blondes en bois de noyer. Majestueusement exposées au midi, les *croupes* de Tayac produisent l'un des plus beaux vins de l'appellation.

La cave coopérative de Tauriac, située en face du château du Piat, est l'une des plus réputées du vignoble bordelais. Jean-Louis Grillet lui a donné il y a quelques années une impulsion décisive en créant parmi les coopérateurs un esprit d'émulation. Il ne faut pas se fier aux apparences : la cave a un côté « pinardier » qui choque quelque peu, d'autant que la bâtisse se trouve face au château du Piat, construit sous Louis XVI par le grand architecte Louis. Le style de cette chartreuse qui rappelle le Petit Trianon se caractérise par sa pureté. Elle appartient à un capitaine de frégate qui la restaure patiemment. Le château du Piat, en cours de restauration, symbolise bien le charme de cette appellation qui ressuscite et grandit en qualité.

CÔTES DE BLAYE

Bien malin qui pourrait à l'aveugle faire la différence entre un côtes-de-blaye et un côtes-de-bourg. Cependant il existe des nuances imperceptibles. Chacune des appellations tient à sa singularité. Blaye et Bourg font partie de ces localités rivales si nombreuses en France, à la fois semblables et opposées. Les antagonismes y sont parfois exagérément mis en valeur, mais le voisinage concourt à les mettre d'accord sur l'essentiel. Entre Blaye et Bourg les querelles de clocher sont peu belliqueuses. L'affrontement y est bon enfant car il porte sur un sujet peu susceptible de désaccord, le vin. Les deux appellations cohabitent sans problème. On y goûte le vin du voisin, on le commente dans un bon esprit de compétition. Bourg jalouse un peu Blaye d'avoir été désignée jadis comme sous-préfecture, mais cet honneur lui a été peu profitable. Blaye commence à se réveiller. Elle regarde autour d'elle et s'interroge sur son avenir non sans quelque angoisse. À tort car elle jouit de nombreux atouts, ne serait-ce que sa citadelle construite au XVIIe siècle par François Ferri sur les projets de Vauban. Les touristes négligent souvent cette forteresse imposante dont fut gouverneur le duc de Saint-Simon, l'auteur des *Mémoires* ; les lieux sont quelque peu déchus mais on aperçoit le parti que la ville pourrait tirer de cette place forte saine et sauve. De la terrasse du restaurant de la « Citadelle », on aperçoit les fortifications de l'île Paté et celles de Fort-Médoc qui, sous Louis XIV, constituaient avec Blaye une ligne de défense imprenable sur le fleuve. Depuis sa construction, la citadelle n'a soutenu qu'un seul siège, en 1814. Les Anglais le levèrent en apprenant l'abdication de l'empereur. Blaye peut se glorifier de n'avoir jamais été conquise.

Prendre le bac à Blaye permet d'éviter Bordeaux et de gagner le Médoc sur l'autre rive. Le bateau slalome entre les îles et les bancs de sable. On éprouve un sentiment de dépaysement et d'aventure : la brume du fleuve sur les îlots de verdure a des tons de camaïeu, le grondement sourd du « fleuve impassible » paraît plein de risques. C'est une rumeur profonde et étouffée qui retentit comme l'appel d'une sirène vers l'océan tout proche.

Le mariage de l'eau et du vin est ici encore plus agissant que dans le Médoc. Quand la vigne regarde « la rivière », c'est, dit-on, un garant de qualité. Les côtes de Blaye sont chevillées à la Gironde. Une fascination réciproque existe ici entre le vin et l'eau. Sont-ils aussi antagonistes qu'on le prétend? Certes, la vigne n'aime pas avoir les pieds dans l'eau, mais n'oublions pas que l'eau entre à 80 p. 100 dans la composition du vin. L'eau est le liquide qui ressemble le plus au vin. Sans l'eau il n'y aurait pas de vin de Bordeaux. C'est à l'élément liquide qu'il doit sa fortune : le fleuve et la proximité de l'océan lui ont permis d'atteindre directement les ports et l'Europe du Nord. Le passé et l'avenir du vin de Bordeaux reposent sur l'eau. Il y a une France des ports et une France continentale. Le bordeaux est un vin cosmopolite, xénophile.

Parmi les côtes-de-blaye blancs, j'ai une prédilection particulière pour le domaine de Cassard. Ce n'est pas un vin qui se hausse du col. Je l'ai découvert par hasard, dans un marché du département de Charente-Maritime tout proche. Nombre de propriétaires du Blayais et du Bourgeais pratiquent la vente directe, et l'on aurait tort d'y voir un signe de médiocrité ou d'insuffisance. J'aime la franchise, la fraîcheur et la netteté des vins blancs des Premières Côtes de Blaye. Ce sont des vins fruités qui se marient bien avec les coquillages et les fruits de mer. S'ils n'ont pas la race des vins blancs de l'appellation Pessac-Léognan (graves « du Nord »), ils ne manquent pas de caractère et restent surtout très abordables.

Quant aux vins rouges, on peut dire comme Rabelais qu'ils ont « un goût de franc boire ». Ils sont généralement loyaux et « merlotent » bien. Beaucoup montrent une belle complexité en vieillissant. Le Château Peybonhomme-les-Tours, situé sur la commune de Cars, en est un exemple. En 1868, le *Féret* le classait déjà en bonne place parmi les premiers crus de la région. Si l'on voulait établir une différence avec les côtes-de-bourg, on peut mettre en avant le fondu de Blaye, au moins dans les premières années, qui tranche avec la consistance parfois sévère de son voisin. Un viticulteur blayais m'a déclaré que les côtes-de-blaye sont à leur jeunesse « plus joviaux ». Ce n'est pas une loi, mais il est certain qu'un côtes-de-blaye paraît plus charmeur à ses débuts tandis qu'un côtes-de-bourg semble souvent impénétrable. Les côtes-de-blaye souffrent à tort de la comparaison avec des appellations plus prestigieuses de Bordeaux. Nombre d'entre eux sont égaux sinon supérieurs à maints crus bourgeois du Médoc, beaucoup plus dispendieux.

LE MÉDOC

Région bien décevante au premier abord. Le paysage apparaît terne, trop régulier, trop organisé. Un je-ne-sais-quoi d'empesé dans l'ordonnance de ce vignoble presque horticole. Entre le château viticole et les rangs de vigne, la symétrie est presque toujours parfaite : le Médoc est un jardin à la française. Dieu sait pourtant s'il faut en déployer de l'ingéniosité pour parvenir dans cette contrée du bout du monde.

Après avoir contourné Bordeaux, on se perd dans le labyrinthe d'une banlieue où l'on a multiplié à plaisir les feux rouges. Tout a été fait pour dissuader les voyageurs d'atteindre la départementale 2, voie sacrée du vin de Bordeaux. Ceux qui viennent à bout de ce jeu de piste ont du mérite. Mais les difficultés ne font que commencer. On ne visite pas ces châteaux comme une cave languedocienne ou bourguignonne où il est de tradition que le vigneron vous reçoive en personne. Nos compatriotes ont gardé de ce liquide sanguin une nostalgie toute rabelaisienne : la trogne du viticulteur, sa façon de rouler les « r » et de parler du vin comme d'une femme en évoquant sa « cuisse » ou sa « jambe ». Ce folklore bon enfant est l'une des séductions de la Bourgogne ou de la région de Chinon, vignoble rabelaisien.

Le médoc est l'anti-bourgogne. Son problème est qu'il ne correspond pas tout à fait à l'idée que les Français se font du vin. Vous rencontrerez rarement le propriétaire à moins d'être importateur de vin, sommelier d'un grand restaurant ou journaliste. Le maître des lieux n'est pas hautain, comme on le prétend souvent. Il est simplement « manquant » — excepté pendant la vendange —, préférant habiter Bordeaux où il peut à sa guise mener ses affaires. Une propriété viticole médocaine nécessite une répartition très stricte du travail et de l'organisation. Comparés à la Bourgogne, pays de petites exploitations, les domaines viticoles du Médoc atteignent facilement des superficies de 60 à 70 hectares : Lafite englobe 90 hectares, Margaux 80 hectares, Mouton 75 hectares, Château Latour est le plus petit des cinq « grands » : 47 hectares. De telles surfaces exigent un personnel nombreux et qualifié : une cinquantaine de personnes en moyenne. La tâche du chef de culture, du maître de chai, du régisseur ou du propriétaire est soigneusement définie. À la différence de la Champagne, égalitaire, du moins en théorie, c'est une société strictement hiérarchisée. Aucun vignoble n'a autant le sens de l'ordre et de l'harmonie. Le fameux classement de 1855 a imprégné plus ou moins consciemment les comportements de chacun et induit jusqu'à la manière de faire du vin. Ce palmarès, réalisé à l'occasion de l'Exposition universelle de 1855, fut établi en cinq parties par le syndicat des « courtiers de commerce près la bourse de Bordeaux ». Le procès-verbal précise bien que l'intention du jury « n'a point été d'assigner un degré de supériorité à aucun de ceux qui sont compris dans chaque classe, ils sont regardés d'un mérite égal [...] et rangés suivant l'ordre alphabétique ».

D'autres classements avaient pourtant été établis avant 1855. Mais ce dernier prit valeur de loi, preuve qu'il instaurait une échelle des grands crus conforme à leur réputation et à leur excellence puisqu'on continue encore aujourd'hui de s'y référer. Ce n'est pas un classement parfait, mais il s'approche d'une certaine vérité, celle du terroir et des hommes, ces derniers essayant d'être à la hauteur d'une réputation qu'ils n'ont pas eux-mêmes fondée. Un cinquième cru comme Lynch-Bages mériterait certainement de figurer en meilleure place, tandis que certains châteaux, que nous ne nommerons pas par charité chrétienne, devraient être rayés du classement. Des crus comme Chasse-Spleen, Poujeaux, Gloria, Haut-Marbuzet ou Sociando-Mallet sont dignes aujourd'hui de rejoindre la caste glorieuse et tant enviée. Mais un tel palmarès ne se change pas comme la Constitution française. Seul un château, Mouton-Rothschild, qui figurait parmi les seconds crus, a pu rejoindre en 1973 le peloton de tête. Cet exploit est dû à l'obstination du baron Philippe, qui débarqua à Pauillac un beau jour de 1922 et batailla sans relâche pour améliorer la qualité de ce cru exceptionnel.

Cette classification a imposé un système qui confère aux appellations du Médoc une cohérence assez étonnante. Au sein de ce vignoble figurent en tête Margaux, Saint-Julien, Pauillac et Saint-Estèphe. Un peu au-dessous, l'appellation Haut-Médoc, qui s'enorgueillit de compter quelques crus classés comme La Lagune, Camensac ou La Tour-Carnet. Puis viennent Listrac et Moulis, négligés par le classement de 1855. Tout système de séparation conduit immanquablement à un système de domination. La prééminence des quatre « grands » est acceptée, reconnue. Elle est évidemment contestée. Mais il ne suffit pas de faire partie des quatre nobles appellations pour se prévaloir d'une haute extraction. Néanmoins le prestige des châteaux classés rejaillit sur l'appellation tout entière. Dans chaque appellation, on est très sourcilleux sur les titres de noblesse à accorder. Pendant un demi-siècle, Margaux tenta d'interdire aux communes voisines d'Arsac, Cantenac, Labarde et Soussans l'usage de son nom.

MARGAUX

La perle rare de ce collier est bien sûr Château Margaux, seul cru à porter le nom de l'appellation. Je me souviens de la première fois où je suis arrivé devant l'allée de platanes qui conduit à la grille du château. Je me trouvais ce jour-là avec Margaux Hemingway, la petite-fille de l'écrivain qui l'avait ainsi prénommée par amour pour le célèbre cru. C'était la première fois, elle aussi, qu'elle découvrait Margaux. Comme une *college girl* américaine, Margaux mastiquait consciencieusement son chewing-gum. Je dois préciser que cela ne nuisait en aucune façon à son charme. Devant le château, elle en avala d'ébahissement sa gomme à mâcher. Le nouveau propriétaire, André Mentzelopoulos, l'accueillit. À cet instant, cet homme, pourtant peu impressionnable, ne cachait pas son émotion.

L'architecture néopalladienne de Château Margaux est à l'image de son vin : harmonieux, d'une structure à la fois aérienne et solide. Hugh Johnson, l'une des autorités mondiales en matière de vin, affirme que Château Margaux « est peut-être le meilleur vin rouge du Médoc ». Émile Peynaud, le grand œnologue bordelais, est à l'origine de la résurrection de ce vignoble acheté en 1977 par André Mentzelopoulos. À la retraite, le professeur Peynaud a abandonné la plupart des châteaux qu'il conseillait, excepté Margaux. Il a réussi à le hisser au sommet. André Mentzelopoulos, aujourd'hui décédé, avait décidé de relever d'abord le vignoble et les installations. Une fois la tâche accomplie, il s'était consacré à la restauration de la demeure, l'une des plus élégantes du Médoc. La décoration, les meubles, les tentures, les tapisseries sont rigoureusement conformes à l'esprit Empire du château, construit en 1810 par le marquis de La Colonilla. La réussite de Château Margaux, que dirige actuellement Paul Pontallier, tient à l'accord parfait entre un vin et sa « figure emblématique », le château édifié par l'architecte Émile Combes, élève de Victor Louis.

J'ai une tendresse pour un autre château, certes moins prestigieux, mais émouvant : Prieuré-Lichine. Émouvant parce que son propriétaire, Alexis Lichine, vient de disparaître. Il fut l'une des figures les plus étonnantes du vin. Sans lui, le bordeaux n'aurait pas atteint la renommée qu'il a acquise aujourd'hui. Il l'a fait connaître auprès du public anglo-saxon et aimer par lui. Cette personnalité mirobolante, ancien aide de camp d'Eisenhower, était un vendeur hors pair. Il est aussi l'auteur de *l'Encyclopédie des vins et des alcools*, ouvrage pionnier qui reste une référence. Alexis Lichine avait acheté en 1951 Prieuré-Cantenac, un quatrième cru classé, qu'il fit dénommer Prieuré-Lichine. C'est là qu'il résidait à la fin de sa vie.

J'ai le souvenir d'un mémorable dîner dans sa demeure qu'il avait aménagée avec beaucoup de goût. Il avait un jugement caustique sur le Médoc. Cet homme avait beaucoup vécu, beaucoup vu ; il était sans illusions sur la nature humaine. Mais sa lucidité un peu sarcastique était tempérée par son amour du vin et de la vie. Lichine me faisait songer à Falstaff, ce géant truculent de Shakespeare, nature à la fois très spontanée, généreuse et un peu cabotine. Chez lui, on ne goûtait pas seulement son vin, qui était irrégulier et pouvait néanmoins atteindre les sommets dans certaines années, mais aussi des bouteilles des voisins ou des crus australiens, sud-africains, rapportés de ses voyages. Il ne parlait guère la langue de bois comme on la pratique souvent dans le Bordelais. Il appelait un chat un chat et une gloire usurpée de la « bistouille » ! Lichine repose aujourd'hui au milieu de son vignoble. Ce privilège est à la mesure de cet homme exceptionnel.

SAINT-JULIEN

« Il y a des saint-julien de qualité variée, il n'y en a pas de médiocres », me disait un jour Henri Martin, figure légendaire de Saint-Julien, propriétaire de Gloria. C'est la pure vérité. Saint-Julien étant la moins étendue des quatre grandes appellations, le nom ne risque guère d'être galvaudé. Cette conscience d'être rare et donc unique est clairement affichée. Sur la départementale 2, un panneau vous enjoint de rendre hommage à l'illustre appellation : « Passants, saluez : vous entrez dans l'antique et célèbre cru de Saint-Julien. »

Dans sa brochure, le syndicat viticole de l'appellation compare Saint-Julien à un « écrin », métaphore passe-partout qui correspond toutefois à la réalité, tant il est vrai que les fines graves siliceuses de ce terroir renferment les cabernet-sauvignon les mieux venus et les plus précieux du Médoc. Le sous-sol exalte admirablement le cépage roi du Bordelais. Saint-Julien, c'est l'apothéose du classicisme : un sens de l'équilibre, un goût inné de la mesure. Entre ses deux voisins — Margaux, triomphe de la grâce et de la finesse, et Pauillac, victoire de la force et de la plénitude —, Saint-Julien réussit ce tour de force d'emprunter à ses deux alter ego leurs qualités antinomiques. On ne peut gagner sur les deux tableaux : comment concilier la subtilité avec la puissance ? Saint-Julien, justement, réussit à harmoniser ces deux principes contradictoires. Le paysage est à l'image du vin : une plénitude sans lourdeur, aérienne.

Après avoir franchi le pont de l'Archevêque,

l'on débouche sur Beychevelle, seuil royal du Médoc, la porte sublime des grands vins. Malgré tout son prestige, Margaux ne parvient pas à donner au paysage qui l'entoure ce caractère profond d'unité. Saint-Julien est un parterre : le vignoble s'ordonne de part et d'autre de la départementale 2. Tout est soigneusement compartimenté. Saint-Julien est une appellation sûre de sa spécificité. Elle règne sans se soucier des voisins. Sa réputation, sa configuration parfaitement fixées suffisent à sa puissance. Elle se permet même des fautes de goût, comme cette immense bouteille juchée en face du château Gloria digne d'une usine pinardière. On s'étonne souvent de cette monstruosité, les habitants de Saint-Julien n'en ont cure : c'est leur tour Eiffel. Ils savent que cette absence de distinction est compensée par la supériorité de leurs vins. Ils l'assument, leur grosse bouteille, ils en sont fiers. Rien ne porte ombrage à cette petite république indépendante, pas même le fait de ne compter aucun château parmi les cinq premiers du classement. Il est vrai que le prestige de seconds tels que Léoville-Las Cases et Ducru-Beaucaillou est de plus en plus digne des premiers.

Las Cases exhibe un mur blanc qui en fait le plus beau clos du Médoc. Le lion est sa figure emblématique. Un je-ne-sais-quoi d'altier distingue le vin de Las Cases. Le célèbre portail qui figure sur l'étiquette ressemble à un arc de triomphe. En revanche, le château viticole est une bâtisse discrète et même modeste dans sa disposition, Michel Delon sait bien que les apparences ne comptent pas. À l'intérieur, c'est différent. À Las Cases, on marche sur du marbre. Il y a d'ailleurs quelque chose de marmoréen dans la magnificence de ce vin, parfois sévère et insaisissable en sa jeunesse mais d'une souveraine expression après plusieurs années.

On ne peut évoquer Saint-Julien sans mentionner Henri Martin, l'ancien maire de la commune. Son Château Gloria, qui ne fait pas partie du palmarès de 1855, mériterait d'y figurer. Henri Martin a créé Gloria de toutes pièces. Par son énergie, son entregent et sa recherche de la qualité, ce fils de tonnelier est parvenu à faire de Gloria un vin réputé et prestigieux. Il est aussi à l'origine de la création de la Commanderie du Bontemps dont il fut le premier chancelier. Nombre d'amateurs français et étrangers font aujourd'hui des pieds et des mains pour être intronisés au sein de cet ordre bachique.

Qu'il me soit permis à ce sujet une confidence. Par hasard, au début des années 80, je suis devenu membre *de facto* de cette honorable commanderie sans y avoir été reçu officiellement. Un samedi soir de novembre où je me trouvais à Château Lynch-Bages, Jean-Michel Cazes s'exclama soudain : « Je vais être en retard ! Il faut que je me rende à Cantenac-

Brown pour une intronisation. » Jean-Michel Cazes, qui fait partie du grand conseil de l'ordre, me demanda de l'accompagner. Je compris un peu plus tard qu'il avait une idée derrière la tête. À Cantenac-Brown où attendaient sagement les futurs impétrants parmi lesquels deux joueurs de golf français, Jean-Michel constata que seuls trois dignitaires de la commanderie étaient présents : « Ce sera une intronisation sans éclat. Il faut de la figuration. Tiens, dit-il en se tournant vers moi, enfile cette robe. » Le chapeau m'allait bien : je faisais un hiérarque de l'ordre assez présentable. Jean-Michel ne me présenta évidemment pas comme journaliste mais comme « propriétaire de Château La Presse », sans davantage de précision. Je ne prétends pas que ma présence conféra au rituel la solennité requise, mais ma mine grave fit certainement illusion puisque l'un des joueurs de golf me demanda après la cérémonie « quelle était dans ma propriété la répartition des cépages » ! Ne voulant pas mystifier davantage le nouveau venu, je fis semblant de ne pas entendre et l'interrogeai sur son dernier handicap.

PAUILLAC

À la sortie du village de Saint-Julien surgit un panorama unique au monde, formé par Las

Cases, les deux Pichon et Latour. C'est le cœur du Médoc. S'infléchissant doucement vers le ruisseau de Juillac qui marque la frontière entre Saint-Julien et Pauillac, le vignoble ondule comme une houle océane. Le beau balancement qui agite la distribution des règes se retient de déferler. Cette retenue enlève tout côté spectaculaire au paysage. En plein été, sous la brume de chaleur, lorsque le vignoble se voile et que l'on aperçoit au loin la rivière, une sérénité souveraine émane de ce vignoble d'un seul tenant. Un cyprès chauve, arbre étrange aux racines aériennes, emblème de la Louisiane, se dresse solitaire dans la partie pauillacaise, à quelques mètres du ruisseau de Juillac dont l'eau limpide bruit délicatement sur les galets ronds.

De l'autre côté de la route, dans la partie qui regarde la rivière, le petit cours d'eau se transforme en un canal bien maîtrisé. De plus près, quelques rangs bien disposés ne ressemblent pas à des règes de vigne : ce sont en fait des rangs de haricots verts. Personne ne les voit. Ils sont bien au frais, les pieds dans le ruisseau. Ici, aucun espace ne se perd. Pas de damiers vides comme à Margaux. La composition du paysage est plus étoffée, plus ferme que dans le reste du Médoc. Jamais la maille ne se relâche. Ou alors, elle coupe net à l'approche des palus ou des terres basses.

La chair de cette terre que guette parfois la

monotonie est la vigne. Nous sommes ici dans le vin incarné du Médoc. Pauillac est le point d'application, le centre de gravité de tout le vignoble bordelais. Pas moins de dix-huit crus classés, dont trois premiers : Latour, Lafite et Mouton ! Pauillac est le territoire le plus puissant du Médoc. Nulle part ailleurs on ne sent mieux la présence du « fleuve impassible ». Port d'allongement des marées remontant vers Bordeaux, Pauillac, d'où partit La Fayette pour l'Amérique, a un parfum inimitable : l'air salin de la marée est pacifié par le vignoble. Pauillac réussit cette symbiose impossible entre une vocation solide et terrienne et l'appel du grand large. Le vent y a des fureurs subites mais la sérénité plantureuse du vignoble apaise les brutalités imprévues de l'océan tout proche.

Pauillac est surtout pour moi associé à un nom très cher, celui des Cazes, qui possèdent Lynch-Bages. J'ai connu Jean-Michel il y a dix ans, lors d'un de mes premiers reportages dans le Bordelais. On m'avait vanté sa gentillesse et son sens de la communication. Je me méfiais. Je n'allais pas tarder à découvrir que cette bienveillance était innée. Tout en étant la figure médiatique incontestée du Médoc, il est le plus discret et le moins calculateur des hommes. Je ne connais personne qui éprouve une antipathie pour Jean-Michel Cazes. Des esprits chagrins diront qu'une telle unanimité est suspecte. Tant pis pour eux. Cet homme obligeant n'est pas complaisant. Il sait bien observer, renifler à distance les coups fourrés. Il passe pour être coriace en affaires bien que l'argent ne le passionne pas. Ce qu'il aime, c'est s'inventer des paris et les tenir. Toute difficulté l'enthousiasme.

Il a hissé Lynch-Bages au pinacle en faisant confiance à un collaborateur particulièrement doué, Daniel Llose. La réussite d'un grand cru tient aussi à la capacité de savoir s'entourer et de s'en rapporter à un homme dont on a su discerner le talent. Ce n'est pas à la portée de tout le monde. Jean-Michel Cazes a compris qu'on ne peut être au four et au moulin, il faut savoir déléguer. C'est le tandem Cazes-Llose qui a contribué à faire de Lynch-Bages une des révélations de ces dix dernières années. Dans les dégustations à l'aveugle, il arrive presque toujours dans les premiers. On a coutume de le confondre parfois avec Mouton. C'est le même vin voluptueux, à la fois riche et soyeux.

C'est le grand-père de Jean-Michel, Jean-Charles Cazes, fils d'un « montagnol » ariégeois, qui acheta Lynch-Bages en 1939, à une époque particulièrement sombre pour le vin. Dans ces années de marasme, le bordeaux ne se vendait pas. Mais ce boulanger croyait à la vigne et au vin. Son fils André continua la tâche en faisant connaître Lynch-Bages à l'extérieur. Il est l'un des fondateurs de la Commanderie du Bontemps de Médoc. Figure très respectée, soucieux du bien public, d'une grande finesse d'esprit, André Cazes s'est voué à la ville dont il est le maire depuis les années 50.

En s'associant avec Axa, Jean-Michel Cazes a su exploiter la force de frappe des zinzins (investisseurs institutionnels). Il est un ami du dirigeant Claude Bébéar, qui a décidé d'investir massivement dans le vignoble bordelais en achetant notamment Pichon Longueville-Baron. La transaction, qui a eu lieu en 1987, n'a duré que quelques mois. L'un des trois notaires ayant mené à bien cette vente affirme : « Ce sont les affaires les plus importantes qui se traitent le plus rapidement. » Jean-Michel Cazes mène une double vie. Il gouverne Lynch-Bages et préside aux destinées de Pichon-Baron. De grands travaux sont actuellement entrepris pour restaurer ce dernier, qui pourra se prévaloir bientôt d'un ensemble de chais et de cuviers modernes uniques au monde. Construit en 1851 en style néo-Renaissance, le château va cohabiter avec une architecture tout en horizontalité prolongeant les vignes environnantes et mettant en valeur l'architecture très Walt Disney de la résidence.

Le Médoc vit sans conteste un second âge d'or. Il faut remonter à la deuxième moitié du XIXe siècle pour connaître une telle richesse. Cette opulence profite aux propriétaires, mais aussi aux amateurs de vin. L'argent gagné est investi aussitôt dans les installations. Le vignoble est devenu un vaste chantier. On reconstruit les chais, on fait appel aux technologies les plus sophistiquées. Il n'y a plus aujourd'hui de millésimes ratés. Il existe des années moyennes comme 1980 ou 1987. Parfaitement vinifiés, ils ont l'avantage d'être bon marché. L'influence d'Émile Peynaud, de Jean Ribéreau-Gayon, gloires de l'Institut d'œnologie de Bordeaux, a été déterminante. L'école bordelaise jouit d'un prestige universel essaimant à travers les vignobles de qualité tels que le Chili ou la Californie.

L'éclat de la fête de la Fleur 1989 a donné la mesure de cette période incomparable que vit le Médoc. Les réjouissances avaient lieu justement à Lynch-Bages. Plus de mille invités participaient à cette fête fastueuse bâtie sur le modèle des « voyages extraordinaires » de Jules Verne. Chorégraphie, costumes, décors, ballets d'hélicoptères, tout concourait à faire de cette soirée l'apothéose de Pauillac et du Médoc.

SAINT-ESTÈPHE

Dans son livre sur Saint-Estèphe, Bernard Ginestet, dégustateur émérite, doublé d'un érudit, donne parfois l'impression de se gratter la tête. Non sans embarras, il affirme qu'il est difficile de décrire la typicité des vins de Saint-

Estèphe, lesquels passent souvent pour être tanniques, puissants et corsés. Mais il ajoute qu'« il est impossible de résumer Saint-Estèphe en une courte pièce vite faite ». Il cite les cinq crus classés de l'appellation : Cos d'Estournel, Montrose, Calon-Ségur, Cos-Labory et Lafon-Rochet, issus de sols voisins mais différents : « Ce sont, dit-il, les membres d'une même famille qu'on dirait sortis de cinq lits conjugaux. » Toujours selon Bernard Ginestet, le seul vrai saint-estèphe serait celui qu'élabore la cave coopérative du marquis de Saint-Estèphe car il représente toutes les nuances d'appellation aux sous-sols très variés.

Le vignoble s'ouvre par le plus étonnant des châteaux : Cos d'Estournel. Après avoir franchi le chenal du Breuil et laissé à main gauche Lafite-Rothschild, le visiteur débouche sur un mirage oriental. « Cela n'est ni grec ni gothique, cela est fort gai et serait plutôt dans le genre chinois. » L'auteur de ces lignes n'est autre que Stendhal, qui effectua en chaise de poste un voyage de Pauillac à Lesparre. Louis Gaspard d'Estournel cultivait trois passions : les chevaux, les bateaux et le vin. Il avait eu l'idée de cette architecture qui devait se rapporter à l'évocation de marchés lointains et symboliser la réputation universelle de son cru. Somptueusement ouvragée, la porte principale du château provient du palais du sultan de Zanzibar, à l'époque où ces personnages se permettaient de boire du vin.

Le maître de Cos d'Estournel, Bruno Prats, est l'être le plus courtois du Médoc et le propriétaire le plus versé dans la viticulture et l'œnologie. Ingénieur agronome sorti de Montpellier, il a fait de Cos un cru fameux dont la finesse et la plénitude s'apparentent d'ailleurs davantage aux pauillacs qu'aux vins de l'appellation. J'ai le souvenir d'un 1928 de Cos, la robe était encore soutenue. Il avait gardé une consistance et une longueur aromatique impressionnantes. Nullement éteint, ce millésime avait encore beaucoup de choses à raconter.

Bruno Prats est, avec Jean-Michel Cazes, l'un des moteurs du Médoc. Le premier possède un esprit déductif, le second se détermine plutôt par l'intuition. Lors du déjeuner du syndicat des crus classés en 1989, le propriétaire de Cos d'Estournel manifestait publiquement son « inquiétude » : « Le progrès œnologique est parfois vécu comme une compétition sportive où des "cuvées de concours" sont préparées pour des marathons gustatifs comme des athlètes pour les jeux Olympiques. » Dans la fébrilité actuelle, Bruno Prats est de ceux qui veulent garder la tête froide. Il croit au bon sens et à la mesure et déplore que « de plus en plus souvent la transformation du raisin soit dissociée de la culture ». Pour lui, l'intégration de l'ensemble terroir, viticulture, œnologie, sous l'autorité d'un seul responsable, est nécessaire.

Impossible de passer sous silence un grand saint-estèphe très coloré, charpenté en même temps que délicat si l'on sait l'attendre. Je veux parler de Montrose, propriété de la famille Charmolüe. J'adore les Charmolüe. J'ai souvent constaté — mais ce n'est pas une règle — que tout individu élaborant un bon vin est rarement odieux. « On fait le vin que l'on est », a coutume d'affirmer Émile Peynaud. « Vous pouvez deviner la qualité d'un cru rien qu'en regardant le visage de l'homme qui l'a fait. La sincérité, l'honnêteté du viticulteur, vous la retrouverez dans le vin qu'il vous sert. La fausseté aussi », me disait Alexis Lichine. Le vin exige des qualités humaines indéniables pour domestiquer la vigne et conduire à bien une vinification. La météo apprend la modestie. Le travail en équipe requiert un sens des relations humaines. Il faut faire confiance à autrui, savoir déléguer. Le contact permanent avec la terre préserve aussi du factice et de l'affecté. À l'origine, le viticulteur est un paysan qui doit vendre son vin. Le contact avec la clientèle incite à la sociabilité. Faire du vin incline à la tolérance et à la bienveillance. L'écrivain Jacques Chardonne a écrit : « Le vin de Bordeaux de qualité est en partie un chef-d'œuvre du sentiment ; il exige des vertus morales, un certain niveau de mœurs. » Et il ajoutait : « Sans morale il n'y a plus de vin de Bordeaux ni de style. La morale, c'est le goût de ce qui est pur et défie le temps. »

Cette incidence n'a pour autre but que de faire ressortir la cordialité des Charmolüe. Quand elle veut faire plaisir à ses amis, Mme Charmolüe leur sert du paon. Cela ressemble au faisan. Ce mets inattendu et savoureux honorait les tables royales au Moyen Âge et à la Renaissance. À Montrose j'ai goûté des millésimes de légende tels que 1945 aux arômes de cèdre et d'encens, un vin qui a commencé à s'ouvrir au début des années 70. Comme les paons de Montrose, il est délectable et fait la roue.

Parmi les saint-estèphe bien typés figure le Château de Pez, tannique, opulent, gras, presque compact. Il faut savoir l'attendre comme le vin de Montrose. À noter aussi le renouveau de Phélan-Ségur racheté par Xavier Gardinier, le réveil de Lafon-Rochet, propriété de la famille Tesseron, des Charentais réputés pour la qualité de leurs vieux cognacs. Pontet-Canet à Pauillac appartient aussi aux Tesseron. Avec Château Margaux, Pontet-Canet est pratiquement le seul vignoble à être encore suivi par Émile Peynaud. « Je veux aller jusqu'au bout des possibilités de Pontet-Canet », affirme l'homme qui a renouvelé la vinification des vins de Bordeaux. La croupe graveleuse de Pontet-Canet, prolongement naturel de Mouton-Rothschild, passe pour être la plus somptueuse de Pauillac.

Il serait injuste d'ignorer Moulis et Listrac. Ces deux appellations ont souvent fait figure de parents pauvres au sein du Médoc. Aujourd'hui, elles revivent. Les prix y sont encore abordables. Il y a des valeurs sûres comme Poujeaux, Chasse-Spleen, Clarke, Maucaillou, Fourcas-Dupré, Fourcas-Hostein et Brillette. J'ai un penchant pour le listrac, le vin fétiche des wagons-lits. En sa jeunesse, il peut se révéler ingrat mais une tendance se dessine pour élaborer des vins plus tendres et plus fondants. Mes favoris sont Cap-Léon-Veyrin et Peyredon-la-Gravette, l'un des meilleurs terroirs de l'appellation. La cave coopérative qu'administre avec maestria le président Maurice Mayre est loin de démériter. Le journaliste Didier Ters note fort justement que « certains millésimes » du « Grand Listrac » valent largement les vins de châteaux deux fois plus chers.

SAINT-ÉMILION

La belle, l'excellente appellation. Si glorieuse, si bien installée dans une splendeur somme toute assez récente. Voilà des gens qui reviennent de loin. Naguère ils faisaient figure de roturiers au sein de l'aristocratie des vins de Bordeaux. À la force du poignet, grâce à leur opiniâtreté, ils ont conquis leurs quartiers de noblesse. On ne les délogera pas de sitôt et pourquoi d'ailleurs le ferait-on ? Saint-Émilion triomphe ; l'émulation y est plus vive qu'ailleurs et l'on y développe un patriotisme de l'appellation plus piquant que dans les autres régions du bordeaux. Nul autre vignoble ne s'est mieux identifié à sa cité : Saint-Émilion est unique. La solidité de ses murs, la blancheur de ses maisons, la conscience de son histoire, tout cela concourt à faire de Saint-Émilion une ville sûre d'une considération fraîchement acquise et de son pittoresque. À certains endroits les murailles sont écroulées, des arbres sauvages surgissent de la pierre effondrée, les mauvaises herbes s'en donnent à cœur joie. Mais ce laisser-aller, loin de lui nuire et de lui donner un aspect négligé, ajoute à son charme inimitable. Saint-Émilion peut-être en fait trop : trop immaculée, trop typique, trop glorieuse, trop cossue, trop touristique.

Saint-Émilion est une ville *scandaleusement* belle. Inconsciemment on recherche toujours un défaut à tant de perfection. La seule chose qu'on puisse trouver à redire est son manque de mystère. Elle ne fait pas rêver, son opulence est dépourvue de retenue, sa séduction se livre d'emblée. Finalement, elle est plus jolie que belle, plus ravissante qu'attirante. À l'entrée de la ville se dresse un haut mur en ruine dont on devine l'architecture gothique. La trouée laisse entrevoir de part et d'autre la vigne, rien que la vigne : les Grandes Murailles, vestige de la première église des Dominicains. Ce pan de mur n'offre aucun romantisme : le réel, neutre et indifférent, le trop palpable, le trop visible, le non symbolisé. Telle est la ville Saint-Émilion, Certains jours d'été, elle ressemble au Mont-Saint-Michel ou à quelque Lourdes viticole. Des échoppes et des cavistes à chaque coin de rue. Des bouteilles partout, des empilements de caisses de bois.

Difficile de caractériser le vin : il faut distinguer les terroirs de graves et de côtes qui produisent les vins les plus profonds et les plus racés, et les terroirs de la plaine qui donnent le jour à des vins moins distingués mais néanmoins assez corsés, solides et d'une belle robe foncée. Fier de son calcaire à astéries, le vin de la côte a fait la notoriété de Saint-Émilion, avec Ausone, Magdelaine, Clos-Fourtet, Beauséjour, Canon, Pavie. Les graves, gros cailloux blancs siliceux d'origine pyrénéenne, font la renommée de crus comme Figeac, Cheval-Blanc et La Dominique.

À Saint-Émilion, mon préféré est Figeac, qui partage par moitié la presque totalité des 60 hectares du terrain exceptionnel de graves. Figeac, seigneurie de l'Ancien Régime, bâtie sur une villa gallo-romaine, a acquis un lustre incomparable depuis que Thierry Manoncourt l'a restaurée. La demeure édifiée à la fin du XVIIIe siècle est envoûtante par son classicisme sans froideur. On la sent bien campée dans son terroir. Il faut entendre son propriétaire parler de Figeac. Il l'aime, son vin. Il a bien raison, c'est une des réussites les plus incontestées de Saint-Émilion. En plus, il ne ressemble pas aux autres. Thierry Manoncourt peut vous en parler des heures, rendant attrayants les cailloux de cristaux de quartz apportés par l'Isle et qui ont fait la gloire de Figeac. Il ne manquera pas de vous raconter par exemple que le propriétaire de Cheval-Blanc vendit en 1832, pendant quelques années, son cru sous le nom de « vin de Figeac ». Naguère ce domaine était quelque peu oublié par le commerce de Bordeaux en raison de ses nombreux changements de propriétaire pendant la seconde moitié du XIXe siècle (sept en cinquante ans). Thierry Manoncourt a pris en main les destinées de Figeac en 1947, année solaire où il se souvient que l'on jetait des pains de glace à même les cuves pour les refroidir.

Il fallait tout refaire. La remise en état accomplie, il a pu mettre au point le style incomparable de Figeac. Ce cru possède en effet la plus forte proportion de cabernet-sauvignon et cabernet franc (70 p. 100) de la rive droite de la Gironde. Le merlot, cépage typiquement saint-émilionnais, y est nettement minoritaire. À sa jeunesse, on reconnaît aussitôt dans Figeac ses arômes de cèdre ainsi que cette délicatesse et cette fraîcheur savoureuse du cabernet franc qui fait merveille dans ce terroir. Déguster ce vin — le bordeaux favori de Roger Dion[1], l'iconoclaste du vin et de la vigne — est pour moi un plaisir sans nom. Sa trame très serrée qui s'épanouit rapidement en vieillissant, son goût droit et tendu, sa distinction l'apparentent aux grands médocs. Une mésaventure m'a privé de bordeaux pendant plus de trois années. Mon premier verre de vin rouge après cette longue abstinence fut un figeac 1975. Je crois que je m'en souviendrai jusqu'à ma mort. Il n'était pas

---

1. Voir la postface, *Un nouveau monde*, p. 123.

encore ouvert mais quel nez ! J'ai retenu des arômes épicés de muscade, de cannelle et cette limpidité du cabernet-sauvignon qui excite les narines ! Ce fut le verre de la résurrection.

Parmi les saint-émilion m'enchante Soutard, propriété de la famille des Ligneris depuis deux cents ans. Le premier Saint-Émilionnais avec lequel j'ai lié connaissance est le chef actuel de la lignée, Jacques. J'étais alors journaliste dans un quotidien classé à gauche, *Le Matin de Paris*. Quelque peu embarrassé, le syndicat de l'appellation avait cru bon de m'orienter vers le seul propriétaire contestataire et anticonformiste du vignoble, surnommé « le comte rouge ». Il faut dire que je n'ai pas été déçu. Nous sommes devenus amis. Il m'a beaucoup appris sur Saint-Émilion. Son humour est redoutable, ses jugements profonds et souvent mordants. J'ai toujours plaisir à le revoir, bien qu'il affiche une certaine misanthropie plus ou moins teintée d'indulgence selon son humeur. Mais cet Alceste saint-émilionnais est le plus délicieux des hommes. Et son vin, d'un abord parfois un peu strict, est comme lui : à la fois savoureux et sans concession. Son fils, François, a pris la relève. Le classicisme de Soutard en fait un des saint-émilion type, on n'ose dire à l'ancienne, tout le contraire de vieillot ou démodé. C'est une valeur sûre et fiable qui défie le temps.

Comment évoquer Saint-Émilion sans parler de Beauséjour-Bécot ? Le domaine figurait parmi les douze grands crus classés de Saint-Émilion, il fut déclassé en 1986. Cette sanction fut prise non parce que la qualité du cru avait baissé, mais parce que Michel Bécot, son propriétaire, avait intégré à Beauséjour deux domaines voisins : La Carte et Trois Moulins. Cette pratique est courante dans le Médoc, où le domaine territorial d'origine ne correspond pas obligatoirement au cadastre actuel, lequel peut comporter des parcelles et des franges périphériques non classées, voire de petites propriétés voisines dont les meilleurs terroirs sont intégrés à la propriété.

Saint-Émilion, qui n'a pas fait l'objet d'un palmarès en 1855, a procédé un siècle plus tard à un classement. L'appellation a voulu innover en imposant, comme en Bourgogne, la notion de cru correspondant à une assiette foncière du vignoble clairement définie. Mais l'autorité n'a jamais réussi à imposer une délimitation territoriale du château comparable aux « climats » bourguignons, lesquels sont scrupuleusement recensés au centiare près. Nombre de châteaux prestigieux de Saint-Émilion se sont aussi agrandis dans des proportions plus ou moins raisonnables : pas plus de deux ou trois hectares, selon les cas. Le tort de Michel Bécot, caractère entier et sans détour, est d'avoir agi au grand jour, en affichant cette pratique non sans quelque provocation. On lui a fait payer cher son absence d'hypocrisie. Michel Bécot a perdu beaucoup de clients et pourtant jamais son vin n'a été aussi bon. Après sa « déchéance », il a proposé une dégustation à l'aveugle des douze premiers grands crus classés. Évidemment personne n'a relevé le défi, d'autant que l'on sait que, dans de telles dégustations, Beauséjour-Bécot a coutume d'arriver parmi les premiers.

L'honneur perdu de Michel Bécot — plutôt que d'honneur, mieux vaut parler de rang ou de position — me fait personnellement mal au cœur. Mme Bécot, qui est une excellente femme, me cause de la tristesse. Elle souffre de ce déclassement. J'ai beau lui répéter que son vin est superbe, elle hoche la tête avec mélancolie. Beauséjour-Bécot est un vin enveloppé et concentré, harmonieux et complexe. J'ai dégusté au château un 1947 de légende, et Dieu sait si la concurrence est grande pour ce millésime : une robe encore profonde et éclatante avec des parfums résiniques et des notes balsamiques inoubliables.

POMEROL

Pour vivre heureux, vivons caché. Telle est la règle de vie de Pomerol. C'est une appellation atypique. On appelle les vins de Pomerol les « bourgognes du bordeaux ». À part la couleur profonde, intense, les pomerols possèdent comme les vins de Bourgogne la même rondeur, le même fruité, la même sensualité. Les arômes de truffe caractéristiques des bourgognes se retrouvent dans ce vin, par ailleurs charmeur et très plaisant à boire dans sa jeunesse, à la différence des médocs. L'appellation tient dans un mouchoir de poche : 180 châteaux se partagent les 730 hectares de Pomerol.

Ce vignoble lilliputien est paradoxalement fort difficile à cerner. Une multitude de routes sinueuses se faufilent autour des domaines, formant un labyrinthe. À Pomerol, on se perd toujours. Le paysage n'a rien d'extraordinaire et le village de Pomerol ne présente aucun pittoresque. Difficile à concevoir que cette commune assez quelconque renferme des phénix tels que Petrus, Lafleur, La Conseillante ou L'Évangile. Petrus, lumière et conscience de l'appellation, le vin le plus fameux et le plus cher de tous les bordeaux : on passe devant le château sans s'en apercevoir. Il faut revenir sur ses pas : « Est-ce bien Petrus ? » N'a-t-on pas fait fausse route ? Mais non, le nom est inscrit sur la pierre de couleur turquoise. Il y a la statue de saint Pierre, mitré et crossé. Les bâtiments n'ont de château que le nom. Il ne faut pas dire d'ailleurs Château Petrus, mais Petrus tout simplement. C'est cela l'élégance suprême, le vrai chic du plus grand vin de l'appellation, passer inaperçu, être presque ordinaire. Du moins en façade. D'aucuns affirment que cette sobriété est appuyée. On peut certes ergoter sur la discrétion des Moueix, leur goût du secret. Cette famille d'origine corrézienne contrôle aujourd'hui une bonne partie de l'appellation et possède la moitié de Petrus. Elle cultive la discrétion avec autant de talent que ses vignes. Dans un monde qui révère le tapage et l'esbroufe, saluons pour le coup la retenue et les bonnes manières.

J'ai eu l'occasion de rencontrer Jean-Pierre Moueix, le chef de famille, dans son château de Videlot près de Libourne. Ce personnage balzacien possède une intelligence d'une rare acuité. Grand amateur d'art, amoureux des poètes, il n'a pas son pareil pour citer toujours à propos des vers de Milosz ou de Hölderlin. C'est plutôt rare dans le Bordelais, où ne compte qu'une culture, celle de la vigne. Son fils, Christian, fait la navette entre Libourne et la Californie, où les Moueix ont acheté un vignoble dans la Napa Valley. Il a hérité de sa courtoisie très scrupuleuse et de sa circonspection parfois un peu précautionneuse. Jean-Pierre Moueix, homme fort riche, aime se souvenir du temps où ses parents, chassés par la pauvreté de leur Corrèze natale, vivaient une existence très dure. Il se rappelle que, pendant la crise, son père vécut le drame de sa vie, le jour où il fut acculé à l'emprunt. Jean-Pierre Moueix a commencé à vendre le cru de ses parents, de ses oncles et de ses cousins. Ce sont des Corréziens du pays d'Ussel qui ont établi la tradition du porte-à-porte pour vendre les vins de Pomerol dans le nord de la France et en Belgique. Comme les Moueix, les Nony, les Audy ou les Janoucix, ces Corréziens durs à la peine ont fait beaucoup pour le renom de Pomerol, appellation qui se débrouille fort bien sans classement. La banalité apparente des domaines et du vignoble convient bien à leur réserve et à leur horreur de l'ostentatoire.

« Nous avons un amour pour la discrétion et la propriété », dit sans ambages Mme Ducasse, propriétaire de L'Évangile, un cru presque aussi fabuleux que Petrus. Rien ne signale le château au visiteur. Une forme de coquetterie pour ces domaines connus dans le monde entier : passer inaperçu et susciter le désir pour mieux faire rêver. Mme Ducasse, qui veille sur le château depuis la mort de son regretté mari, incarne les vertus terriennes de Pomerol, la conscience d'appartenir à une élite. « Nous ne faisons pas étalage », ajoute-t-elle sobrement, avec cette certitude d'être la meilleure et de représenter la quintessence de Bordeaux.

Après une visite récente, tandis qu'elle me raccompagnait elle a regardé les arbres de son parc comme un vieux mandarin chinois. Il y avait tant de sagesse et de conviction dans sa façon d'incarner l'âme de ce vignoble et de faire fi du temps que j'en fus sur le moment bouleversé. « Nous sommes envoûtés », déclara-t-elle montrant sa demeure d'un geste royal, avant de me saluer. J'ignore si ce « nous » incluait d'autres membres de sa famille ou s'il s'agissait du pronom de majesté. J'incline pour le second.

Les temps changent même à Pomerol. La création du cercle Pomerol Prestige, qui réunit quatorze châteaux parmi lesquels La Croix de Gay, Clinet et Bon Pasteur, marque le désir de secouer les choses et d'imposer une image plus moderne et plus novatrice. Le propriétaire de Bon Pasteur, Michel Rolland, fait figure de leader. Cet œnologue très réputé est la nouvelle star de la rive droite. Il représente une nouvelle génération d'œnologues formée par les

Ribéreau-Gayon et les Peynaud. Ce scientifique met en avant deux qualités pour élaborer un grand vin : la curiosité et plus encore l'amour de la vigne. Il est consolant d'apprendre que l'amour fait plus de prodige que le savoir.

LES GRAVES

Encerclant la ville de Bordeaux, s'avançant au sud jusqu'à Langon, les Graves sont une région difficile à saisir. Entre le fleuve et la forêt landaise, le vignoble a quelque chose d'incertain et même d'imprévisible. En comparaison, le Médoc est un repos pour l'esprit. Les Graves... Ce pluriel donne un caractère proliférant et nébuleux à l'appellation. Le vignoble grignote Bordeaux (le contraire serait plus juste), saute à pieds joints par-dessus Sauternes, baguenaude avec la forêt landaise. Ce désordre apparent est à l'origine de la richesse des Graves, le plus antique terroir du Bordelais. Au commencement étaient les Graves. *Vin de Graves* était synonyme de *vin de Bordeaux*. Château Margaux passait jadis pour un graves. Aujourd'hui, le vignoble recule devant l'envahissement de la ville.

Il faut voir Château Haut-Brion, au cœur de Pessac, pour comprendre que faire du vin peut être aussi un acte de résistance. Les vignes et le château composent un îlot au milieu des pavillons de banlieue. La Mission Haut-Brion est enserrée entre la voie ferrée Paris-Irun et la route. Elle appartient comme Haut-Brion à la famille Dillon. Jean-Bernard Delmas, directeur de Haut-Brion, observe avec l'assurance et le flegme d'un grand capitaine l'assaut de ce béton qui déferle autour de lui. Il a déjà remporté quelques batailles en se payant même le luxe d'acheter des pavillons pour les abattre afin d'y planter de la vigne. Ce géant qui ne manque pas de panache mène Haut-Brion avec dextérité. Sa science de la vigne et du vin est profonde, nourrie par la connaissance et l'observation. Spécialiste des cépages, il cultive des clones en voie de disparition dans le potager du château et a signé le meilleur livre sur le sujet[1].

Pape Clément tient bon et ne se laisse pas faire. Il y a du rebelle dans ces châteaux qui supportent sans faiblir l'agression urbaine. Le prix du vignoble est plus élevé que celui du terrain à construire. Mais plus tard, si une crise survenait, qu'adviendra-t-il de ces propriétés qui ont fait la renommée de Bordeaux ?

Plus au sud, de belles terres à graves disparaissent sous la poussée de la mégapole. Le projet « Technopole », à Martillac, risque de détruire un terroir de grande qualité. J'ai assisté

---

1. Voir la bibliographie, p. 299.

aux premiers coups de pioche de cette opération qui a révélé un sous-sol admirable. Une meute de bulldozers pressés tracent des voies, coulent du béton. La grave qui attendait la vigne est utilisée pour les travaux de soubassement.

André Lurton mène le combat contre l'établissement de la « Technopole » sur ce site. Quand on ne le connaît pas, son abord peut désarçonner. Il bougonne, semble mécontent. Ce n'est qu'une apparence. Cet être sensible et généreux est un timide, un passionné de vins et de vignobles. Il a la « fièvre de planter » et a racheté nombre de parcelles, défriché des hectares de pins, afin de reconstituer des vignobles autrefois réputés comme le château de Rochemorin, où Montesquieu termina la rédaction des *Lettres persanes*. André Lurton est un créateur de crus, il aime ressusciter ce qui avait disparu. Voler au secours de la victoire ne l'intéresse pas. Il affectionne les paris difficiles, rétablir un domaine déchu comme La Louvière. Il a redonné vie à cette propriété rachetée en 1965, restaurant d'abord les vignes puis la demeure, une superbe construction néopalladienne datant de la fin du XVIIIe siècle. L'énergie conquérante d'André Lurton fait peur à certains. Ses adversaires le surnomment « J.R. ». Avec le héros de *Dallas* il partage en effet une efficacité redoutable et une ténacité peu commune. J'ai de l'amitié pour André Lurton. J'aime quand il parle de la vigne, on sent la passion qui transparaît dans son regard. Il en devient sentimental. On peut acheter ses vins les yeux fermés, ils ne déçoivent jamais. J'affectionne Couhins-Lurton à Villenave-d'Ornon, qui produit un blanc très représentatif de cette nouvelle génération, riche, bien construit et élégant. Le vin rouge de Cruzeau, autre propriété ressuscitée par André Lurton, est un graves type : frais et gourmand avec cette note de fumée caractéristique de Pessac-Léognan.

Depuis 1987, la région des Graves est divisée en deux. Le Nord, qui comprend les plus beaux terroirs et les châteaux les plus fameux, a fait sécession en créant l'appellation Pessac-Léognan. C'est un combat qui a duré de longues années. Là encore, c'est André Lurton qui a mené la bataille. Et il l'a remportée. Les treize crus du Nord ne voulaient plus qu'on les confonde avec ceux du Sud, les « petites graves » situées au sud de Martillac, cette commune marquant, avec le ruisseau de Saucats, la ligne de démarcation.

Les « Sudistes », qui sont à la tête de petites propriétés (cinq hectares en moyenne contre quatorze au Nord), ont accusé le coup. Évidemment, ils n'ont pas le passé prestigieux des seigneurs du Nord, mais leurs vins sont plus que recommandables même si le morcellement des exploitations et l'hétérogénéité du terroir constituent un handicap. On peut réaliser de bonnes affaires avec ces graves du Sud, qui montrent de la personnalité sans avoir, il faut le reconnaître, la profondeur et la complexité des vins de l'appellation Pessac-Léognan. Je recommande particulièrement Château Brondelle, élaboré par Roland Belloc[1], propriétaire à Langon. Son vin blanc, qui ne cesse de s'améliorer, est ample et harmonieux. Chantegrive à Podensac est tout aussi digne d'éloges. Le vignoble pratiquement en friche était sur le point d'être abandonné quand Henri Levêque, par ailleurs courtier en vins, l'a racheté et a reconstitué les vignes.

Un homme à Langon est à l'origine de cette résurrection des graves du Sud : Pierre Coste. Homme d'expérience et d'analyse, doublé d'un dégustateur hors pair, il a été l'un des premiers à prêcher pour des vendanges saines et mûres, insistant pour qu'on apporte intacts les raisins au pressoir. Grâce à lui, une génération de vins blancs herbacés, éthérés et acétiques a peu à peu disparu. Émile Peynaud a dit de Pierre Coste que ses crus « donnent à apprendre et à rêver ». Ce qui est rare en effet chez de tels hommes, c'est que « la bonne science rejoint la poésie et l'imaginaire ». Ce goût de l'observation qui a fait école, Pierre Coste l'a appliqué au domaine de Gaillat, au Château Chicane et au Clos Louloumet, qui lui appartiennent. Ce sont des graves riches, colorés, charnus, déve-

---

1. Voir *Rendez-vous au domaine de la Solitude*, p. 83.

loppant des arômes balsamiques et des notes de goudron et de fumée que l'on retrouve souvent dans cette région.

Les blancs de Graves ont connu une révolution qui s'inspire des méthodes bourguignonnes telles que le bâtonnage des lies. Naguère c'étaient des vins mous aux notes végétales. Ils développaient, après une année d'existence, une odeur d'acide malique oxydé ressemblant à la pomme mâchée. Seuls deux crus sortaient alors du lot : Haut-Brion et l'étonnant Domaine de Chevalier, élaboré par un homme non moins étonnant, Claude Ricard, par ailleurs pianiste virtuose et champion du jeu de paume, l'ancêtre du tennis.

Fieuzal a symbolisé le premier la révolution des blancs. Carbonnieux a suivi puis Malartic-Lagravière. Au rôle déterminant de Pierre Coste doit s'ajouter celui d'un jeune œnologue, Denis Dubourdieu, figure de proue de la nouvelle école bordelaise. À la connaissance scientifique, il allie, comme naguère Émile Peynaud, un talent pédagogique indéniable. Il montre moins de rondeur, certains le trouvent même arrogant, mais il faut reconnaître qu'il a le génie du vin et de la vinification. Il a beau être un homme de science, il croit beaucoup à quelque chose qui probablement ne s'apprend pas, l'inspiration : « Sans imagination, les vins ne sont que des copies monotones. » Il compare la vinification en blanc à la peinture à l'aquarelle tandis que le vin rouge se rapproche de la peinture à l'huile : « Avec le blanc le repentir est impossible ; avec le rouge, on peut rattraper certaines erreurs, mettre une couche supplémentaire. »

SAUTERNES

On ne sait trop comment qualifier le vin de Sauternes : il a bien sûr l'apparence d'un vin blanc. Mais ce n'en est pas un. Il défie la raison, le bon sens. C'est le vin le plus extravagant du monde. Faire du sauternes relève du sacerdoce. Il faut avoir la vocation, faire preuve d'un certain désintéressement pour élaborer ce vin qui exige plusieurs cueillettes, une patience d'ange et beaucoup de conviction. Posséder un château au pays de la pourriture noble passait naguère pour être aussi choquant qu'entretenir une danseuse. La comparaison est moins justifiée aujourd'hui : la danseuse coûte toujours cher. Cependant elle commence à avoir du succès, car son talent atteint parfois au sublime. L'art du *Botrytis cinerea*, ce champignon qui assèche le raisin au contact du soleil sous l'influence de la brume matinale du Ciron, est souvent gâché par des propriétaires peu scrupuleux. Ils vendangent n'importe comment et n'importe quand.

Pour faire un bon sauternes, la règle du jeu est sévère : il faut beaucoup tailler et obtenir un rendement bas (25 hl par hectare alors qu'il est presque le double en Médoc ; volontairement, Yquem et quelques autres ne vont guère au-delà de 10 hl à l'hectare). Mais cela ne suffit pas ; il faut aussi obtenir une récolte mûre mais sans pourriture « ignoble », la grise.

Dès lors tout commence. Et l'on peut tout rater. Il est nécessaire en effet que le raisin soit attaqué par le fameux *Botrytis cinerea*. Au début, seuls quelques grains sont touchés. Il faut alors attendre une nouvelle offensive du champignon qui peut survenir au bout de plusieurs jours... ou de quelques semaines.

L'art du sauternes réside dans la cueillette. Quand la vendange est terminée, les jeux sont déjà faits. Un vinificateur médiocre disposant d'excellents vendangeurs peut réaliser un sauternes superbe. La pourriture noble est déjà une macération. La baie, c'est la cuve. C'est le vendangeur qui fait l'écoulage. On ne peut qu'être frappé dans les chais par l'extrême simplicité du matériel de vinification.

J'ai assisté à plusieurs vendanges à Yquem, accompagné par le directeur, Pierre Meslier. J'ai connu avec lui les bulletins météo accablants : une pluie incessante ou une trop grande sécheresse. À chaque fois, un quitte ou double se joue à Yquem. 1964 fut une année où les vendanges s'annonçaient superbes, avec un raisin arrivé parfaitement à maturité. Les jours passaient dans l'attente du *Botrytis*. Ce fut la pluie qui arriva. En 1967, même scénario, mais au lieu de la pluie ce fut le *Botrytis* qui survint. 1967 est d'ailleurs un des yquems les plus somptueux de l'après-guerre : gras, concentré, avec une complexité d'arômes presque impossible à décrire.

Le spectacle d'une vendange à Yquem est absolument fascinant. Chaque vendangeur tient à la main un panier en bois de peuplier très léger sur lequel est dessiné un numéro. Les fentes de ces corbeilles sont calfeutrées à la cire afin que le précieux jus ne s'écoule pas à travers les interstices. Ces vendangeurs, soigneusement choisis par Pierre Meslier et son équipe, sont des habitués. Les femmes, qui passent pour avoir la main sûre, sont les plus nombreuses. Une journée peut se dérouler où les vendangeurs piétinent dans la cour, payés à ne rien faire. Il faut être sans cesse sur le pied de guerre, saisir les opportunités de la météo, car l'attaque du *Botrytis* est foudroyante et imprévisible. « La gloire d'Yquem, dit souvent Pierre Meslier, c'est son renoncement. » Le propriétaire, Alexandre de Lur Saluces, ajoute que faire du sauternes s'apparente au jeu de la roulette russe : « Plus on attend, plus on s'expose à la catastrophe, mais attendre c'est parfois triompher. » Préoccupée depuis toujours par la qualité et ne lésinant pas sur les moyens, la famille Lur

Saluces, installée à Yquem depuis 1593, a pu traverser sans trop d'encombre les « années noires ». Après la guerre, le goût du sauternes était encore vif chez les amateurs et chez le public privés de saveur sucrée pendant l'Occupation.

Comme le montbazillac et les coteaux-du-layon, le sauternes a connu une certaine désaffection au début des années 60. Vin « de première communion », il passait pour être lourd et donner le fameux « coup de barre » des réveils à cause de l'emploi excessif de SO_2 (dioxyde de soufre), antiseptique du vin. Au début des années 70, des châteaux comme Climens, Rieussec, Coutet se vendaient presque pour une bouchée de pain. Mais, depuis sept ou huit ans, les choses changent. L'acquisition de Château Guiraud par une famille d'armateurs canadiens, les Narby, a pris valeur de symbole. Rieussec est entré récemment dans le giron des Rothschild. Le public a repris goût au sauternes, qui symbolise la fête, le raffinement et une expression du luxe superbement déraisonnable. Imperceptiblement, le vignoble se transforme ; on refait les toitures, les chemins sont moins défoncés que naguère. Ce n'est pas encore l'opulence médocaine, mais un progrès certain a été accompli.

Rien de plus troublant que le tertre d'Yquem qui donne sur la Garonne. En automne, les couleurs miel des coteaux, la courbe des vallons sont empreintes de douceur. C'est un paysage de légende que les hommes ont sculpté. Ici souffle l'esprit. Pas uniquement celui du vin, mais quelque chose de plus intemporel, une forme d'intelligence qui ressemble à ce qui est le plus achevé dans une civilisation. Cette dimension avait frappé Thomas Jefferson lorsqu'il visita Yquem en 1787. De ce point de vue, Yquem peut être qualifié de plus grand vin du monde dans la mesure où il repose sur la conjonction exceptionnelle d'un terroir, d'une famille et d'un site. Ce n'est pas seulement un vin qui s'accomplit à Yquem mais aussi une expérience presque d'ordre intellectuel, qui n'est pas une pure abstraction. C'est la haute idée que les hommes se font de leur histoire, de leur tradition, une fidélité à un art de vivre nécessitant un perfectionnement constant. Quand les hommes cesseront de croire à ce qu'ils font, le sauternes disparaîtra. Il y a une dizaine d'années on s'est trouvé à deux doigts de cette issue fatale lorsque le doute s'est installé dans les esprits et que le vin ne se vendait plus.

Yquem a donné l'exemple. D'autres crus ont suivi tels que Climens, Lafaurie-Peyraguey, Suduiraut, Nairac, Caillou. Je recommande aussi l'admirable Raymond-Lafon, propriété de Pierre Meslier, le directeur d'Yquem. Un modeste château peut produire un beau sauternes, témoin le haut-bergeron de l'excellent M. Lamothe. Haut-Bergeron est « contigu d'Yquem » et l'affiche fièrement. Il est digne de son illustre voisin.

La diversité extraordinaire des bordeaux permet-elle de dégager un trait commun ? Leurs différences, leurs typicités souvent contrastées, leurs styles bien définis permettent cependant de leur trouver à tous un air de famille. Qu'y a-t-il de commun par exemple entre un grand graves et un côtes-de-bourg ? Apparemment pas grand-chose. Cependant ils sont parents. Leur ressemblance, certes lointaine, provient d'un même principe, l'encépagement. La répartition de ces derniers varie d'une appellation à l'autre, mais c'est l'assemblage qui rend tous ces vins non pas semblables mais ressemblants. Cabernet-sauvignon, merlot, cabernet franc, malbec et petit-verdot sont autant de touches sur lesquelles on appuie pour obtenir un accord. Mais la partie ne doit jamais se prendre pour le tout. Il importe que l'assemblage dompte la singularité de chacun de ces cépages tout en les exaltant dans un accord parfait. Dans un bordeaux quel qu'il soit se retrouve cet air inimitable que confèrent les deux cépages de cette région : le cabernet-sauvignon et le merlot. Le cabernet-sauvignon, bien qu'il prospère à présent sous toutes les latitudes, communique cette structure tannique, cette couleur très foncée, cette belle aptitude à vieillir et cette expression aromatique à la fois « massive et retenue » soulignée par Pierre Coste.

La rondeur et le gras du merlot complètent harmonieusement la sévérité aristocratique du cabernet-sauvignon. Tout est dans l'équilibre. Et c'est cet équilibre qui frappe généralement l'amateur quand il goûte un bordeaux, fût-il de modeste extraction. Le bordeaux ne peut faire bon ménage avec les extrêmes. Une extraction exagérée, des arômes exacerbés, un gras trop onctueux, un degré alcoolique qui brutalise le palais appartiennent peut-être à un modèle du Nouveau Monde, mais certainement pas au bordeaux, qui s'est toujours retranché sur l'idée d'équilibre, de limite, de proportion. L'emphase, la prouesse n'appartiennent pas à l'esprit de ce vin. Émile Peynaud insiste sur cette égalité de force entre des éléments qui parfois s'opposent : « La qualité la plus haute est constituée par un équilibre complexe entre les constituants du vin — richesse en alcool et glycérine responsable du gras, du moelleux du vin — mais qui ne sont rendus savoureux que par la présence des tanins dont le goût est amer en soi. »

Cette notion d'équilibre, empreinte parfois d'austérité, n'est pas sans rappeler le classicisme français. Ce n'est pas un des moindres paradoxes de ce vin pourtant inventé par les Anglais. Cette mesure, cette division par genres pour mieux concourir à l'harmonie générale, se déploie avec faste mais sans parader dans l'architecture sobre et symétrique de la chartreuse, modèle du château viticole bordelais.

Les non-initiés marquent souvent de l'agacement quand ils entendent des amateurs détailler entre eux leurs sensations et énumérer les arômes et les parfums du vin. Max Léglise, un Bourguignon qui fut directeur de la station œnologique de Beaune, compare la dégustation à la musique : « Il y a deux façons d'écouter ; l'une consiste à ouvrir un poste de radio comme bruit de fond pendant qu'on vaque à ses occupations ; l'autre nécessite d'aller au concert ou de s'isoler pour entendre un programme choisi sans en perdre une note. » Max Léglise a raison de dire que la dégustation peut être un acte de culture « dans la mesure où elle enseigne des discriminations, affine le jugement et nous pousse à entrer en nous-même ».

Point n'est besoin cependant d'en faire une liturgie excluant ceux qui sont incapables de communiquer leur plaisir. Steven Spurrier, le plus parisien des Anglais, créateur des Caves de la Madeleine, a écrit dans *L'Amateur de Bordeaux* un des plus beaux textes sur le vin dans lequel il affirme que « vouloir absolument découvrir dans une bouteille des choses étranges telles l'aubépine, l'églantine ou même la résine est franchement saugrenu ». Il cite en exemple le jugement du grand Harry Waugh, modèle de tous les dégustateurs britanniques. Dégustant un latour 1961, celui-ci s'est autorisé à une licence poétique sans doute inégalée, affirmant que ce vin possédait « beaucoup de couleur et plein de fruit ».

Finalement, c'est l'universalité du bordeaux qui lui confère une personnalité unique. Le bordeaux n'est ni français, ni anglais, ni bordelais ; il est œcuménique. Plus que tous les autres vins, il est fédérateur par sa droite raison, son refus des extrêmes (nous sommes au pays de Montaigne et de Montesquieu). « Ce goût droit du vin » (Barthes), cette vivacité savoureuse servent de référence. On copie ses cépages, on s'inspire de ses méthodes de vinification. La juridiction du bordeaux s'étend à la terre entière, mais elle est librement consentie. Rien ne plaît davantage aux Bordelais que l'émulation.

Tant que durera cette capacité à se remettre en question, le vin de Bordeaux restera le premier du monde.

Genthieu, juin 1989.

SUITE AU

VOYAGE À BORDEAUX

RENDEZ-VOUS AU DOMAINE
DE LA SOLITUDE[1]

À chacun son arme. La prière est celle des religieuses du domaine de la Solitude. Elles en ont usé pendant ma détention. Je suis allé un jour à Martillac les remercier, visiter leur vignoble et goûter leur vin qui appartient à l'appellation Pessac-Léognan.

« Accepteriez-vous de parler aux religieuses ? Elles ont beaucoup prié pour vous pendant ces trois années de détention. »

Roland Belloc, régisseur du domaine de la Solitude, sourit, embarrassé. C'est une vieille connaissance et un ami plein de tact, il ne précise pas que pénétrer à l'intérieur du monastère constitue un privilège. Dans *L'Amateur de Bordeaux*, j'ai parlé naguère du vin de la Solitude sans jamais pouvoir rencontrer ses mystérieuses occupantes. Les bâtiments en longueur du monastère et les buissons des jardins les

1. Ce texte est paru pour la première fois dans *L'Amateur de Bordeaux* n° 25 (1989).

dissimulent à la vue des visiteurs. La règle de la Sainte Famille, leur communauté, indique qu'elles « prient par une vie cachée en Dieu dans le silence de Solitude pour Sa gloire et le salut du monde ».

J'accepte avec joie la proposition, ravi de remercier ces religieuses inconnues, intrigué aussi de les approcher, elles qui ont choisi de consacrer leur vie à Dieu au milieu d'un vignoble. Cette association du vin et du divin me plaît bien. Je sais ce que doivent les grands terroirs de France aux ordres religieux, chaque abbaye cultivant sa vigne, indispensable à la fois au rite et aux obligations de l'hospitalité. Meilleur était le vin, plus grande était la renommée de l'abbaye.

La Solitude produit un graves d'excellente tenue avec ces arômes si caractéristiques de fumée et de résine. Du domaine, je ne connais que les bureaux et les chais situés à l'extérieur du couvent. Sans doute veut-on signifier que le vin et la prière peuvent certes cohabiter mais chacun doit rester à sa place. Je fais remarquer à Roland Belloc que le Christ ne dédaignait pas le bon vin. Il acquiesce par politesse et me dit timidement : « Où avez-vous lu cela ? » Je lui cite le passage de saint Matthieu où Jésus reconnaît qu'il n'a pas les mêmes mœurs que l'austère Jean-Baptiste : « Le Fils de l'homme est venu, il mange, il boit comme les autres et l'on dit : "C'est un homme de bonne chère et qui aime à boire" » (« *Ecce homo vorax et potator vini* », XI, 19).

— Alors je crois que dans ce domaine ces chères sœurs ne se conforment pas à la parole de l'Évangile.

— Ne boivent-elles pas de temps en temps leur vin ?

— Oh ! Très peu. Mais cela ne les empêche pas d'être gaies. Vous allez voir, elles sont étonnantes.

À la tombée de la nuit nous arrivons à la Solitude en compagnie du fils de Roland Belloc, qui seconde son père dans l'élaboration du vin de la propriété. Les Belloc partagent leur temps entre ce vignoble et leur propre cru, le Château Brondelle, situé près de Langon. Le monastère s'étend au milieu d'une clairière ceinturée par le vignoble qui a fait de larges trouées dans la forêt. Cette retraite fait penser aux gravures romantiques du début du XIXe siècle illustrant les premières éditions du *Génie du christianisme*.

La simplicité majestueuse de la nature, la chapelle néogothique, une campagne déserte troublée parfois par la sonnerie d'une cloche donnent à la Solitude un air élégiaque. Le vent joue avec majesté sur la cime des pins. Une aile moderne abritant naguère un orphelinat crée la seule fausse note toutefois rachetée par la présence pacifiante du vignoble et le silence du cloître. Il existe dans le Bordelais des paysages bien plus fameux et sans doute plus harmonieux. Mais la Solitude est unique par sa mélancolie grave en même temps que discrètement tourmentée.

Je retrouve Éveline, aux yeux enjoués, qui assure le secrétariat du domaine viticole. La dernière fois que je l'ai vue, « avant votre histoire libanaise », précise-t-elle (les gens n'osent pas dire détention), elle peinait à l'étiquetage des bouteilles. « Nous avons acheté une nouvelle machine. Vous verrez, il y a beaucoup de nouveautés à la Solitude. »

Les abords du vignoble ont été en effet transformés par de larges coupes pratiquées dans la forêt. À présent, on aperçoit l'architecture néo-palladienne de La Louvière. Je ne reconnais plus l'Ermitage, situé à l'écart du monastère. C'est dans ce pavillon qu'officiait naguère Éveline. Des caisses (qui ne contiennent pas de vin) sont entreposées, les pièces sont vides. « Nous allons déménager. Les religieuses souhaitent mettre en valeur cette maison où a vécu leur fondateur. Elles veulent en faire un musée. »

L'Ermitage est une belle maison du XVIIIe aux proportions parfaites. Montesquieu, l'auteur des *Lettres persanes*, s'en servait comme rendez-vous de chasse. Les cheminées de pierre, le dallage, les portes en arrondi couleur miel possèdent la belle harmonie du style Louis XV. Quelques magnums trônent sur une desserte. L'une des portes est fermée. Roland Belloc, qui a pourtant la confiance des religieuses, ne peut en franchir le seuil. « C'est leur domaine secret. Elles veillent jalousement sur les archives de leur fondateur, Pierre-Bienvenu Noailles. On a entreposé ici tous les objets qui lui ont appartenu. Les religieuses se trouvent à un moment important de la vie de leur communauté. Rome examine en effet la béatification de leur fondateur. »

Pierre-Bienvenu Noailles (1793-1861) est une figure moderne de la spiritualité naissante du XIXe siècle. Son affabilité et son zèle ne sont pas sans rappeler François de Sales. D'origine bordelaise, Pierre Noailles est l'un des premiers à avoir compris la nature des changements qui allaient intervenir dans l'Église. Dans cet esprit, il proposa de regrouper en une vaste association prêtres et laïcs, hommes et femmes, séculières et contemplatives. Bien avant la crise des vocations, il avait inventé la formule d'associés laïcs destinés à l'évangélisation. Aujourd'hui, l'association Sainte-Famille de Bordeaux est présente sur les quatre continents, bénéficiant d'une bonne implantation en Amérique du Sud et surtout au Sri Lanka.

C'est dans cet Ermitage que s'établirent, peu avant la mort de Pierre Noailles, les Sœurs agricoles. Elles travaillaient aux champs, dirigeaient une ferme ainsi qu'un orphelinat. Tout occupé à son œuvre, le fondateur ne fait aucune allusion au vignoble dans ses écrits. Mais il aimait passionnément la nature et se plaisait dans ce site abandonné où le silence n'est troublé aujourd'hui que par le bourdonnement des insectes en été et le souffle du vent sur la forêt en hiver. Il adorait les arbres, se plaisant à comparer la Sainte Famille à une sorte de chêne rempli de fruits et de fleurs, d'oiseaux de toutes les couleurs, symbole de la diversité et de l'accord parfait de tous les êtres qui se consacrent à Dieu. Il a laissé une trace dans le paysage de la Solitude, une île artificielle sur la rivière où il fit édifier une chapelle consacrée à la Vierge.

Dans la lumière du soir, la beauté austère du monastère est adoucie par la présence du vignoble qui s'avance jusqu'au pied du cloître. Nous ne sommes pas chez les cisterciennes, retranchées entièrement du monde. Ici, c'est la nature et le silence qui isolent, non la disposition du monastère. Avant de rencontrer les religieuses, notre petit groupe se rend à la salle de dégustation. Le vin de la Solitude s'identifie assez bien à son environnement : même netteté, même rigueur, avec cet abord un peu sévère, promesse d'une belle densité et d'une élégance que diffuse le paysage. Le millésime 1986 est encore tendre, le 1985 montre de la vivacité avec des nuances empyreumatiques qu'on peut noter dans certains vins de Pessac-Léognan. Les aptitudes du terroir autorisent un approfondissement du vin permettant d'accéder à la qualité de voisins tels que La Louvière. Roland Belloc en convient : « Il faut nous laisser le temps. Nous avons beaucoup investi pour la modernisation et les chais, nous logeons déjà le rouge en fûts neufs. Bientôt nous allons nous attaquer au blanc. »

Ainsi pénétrés de l'esprit de la Solitude, il ne nous reste plus qu'à rendre visite aux religieuses. Un fort brouillard est tombé sur le monastère. Derrière la porte, une sœur guette notre arrivée. À peine avons-nous sonné que les battants s'ouvrent. La religieuse se contente de dire : « Bonsoir » et « Suivez-moi ». Le long corridor sent la cire, l'encaustique et le nettoyage continu. Une porte s'ouvre, puis une autre…

Nous surgissons alors dans une pièce violemment éclairée au néon. C'est un saisissement. Une vingtaine de religieuses, debout, attendent, silencieuses et souriantes. Elles se tiennent dans un ordre parfait. Je les regarde, interdit. Notre petite suite a stoppé net devant elles. Nous sommes porteurs du bruit du dehors, il tombe sur la scène comme un couperet. Notre arrivée, au lieu de troubler l'harmonie et le silence qu'impose la présence de ces religieuses, nous a fait basculer aussitôt dans leur univers. Nous avons franchi soudainement un territoire mystérieux seul connu d'elles. J'observe leurs visages confiants et leurs yeux presque amusés. Je les soupçonne de savoir le pouvoir qu'elles détiennent.

Leur regard m'intimide. Direct, il ne scrute pas et n'essaie pas de surprendre. C'est pourquoi il transperce. Dehors, dans le monde, personne ne regarde plus ainsi. Je ne me sens pas gêné, plutôt incongru, déplacé, en trop.

Nous ne pouvons nous examiner ainsi indéfiniment. La mère supérieure, qui a senti mon embarras, étend la main comme lorsqu'on impose le silence — alors qu'il n'y a aucun bruit.

— Nous sommes heureux de vous accueillir. Nous avons eu peur pour vous. Nous avons prié.

— Vous avez été exaucée, ma mère. Dans cette affaire tout le monde a mis du sien : Dieu, les hommes, ceux qui croyaient au ciel et ceux qui n'y croyaient pas.

— Oui, tous les hommes de bonne volonté... Notre arme à nous, c'est la prière.

Elle parle avec un accent espagnol.

— Vous avez dit que la Bible vous avait sauvé la vie. Mais comment vous ont-ils donné une bible ?

J'explique à l'assistance l'attitude de mes ravisseurs. Tous les musulmans respectent la Bible. Ils reconnaissent le Christ comme prophète, même s'ils se refusent à le considérer comme le Fils de Dieu. La plupart d'entre elles savent cela. Ce qui les intrigue, ce sont les circonstances : comment donc mes geôliers ont-ils apporté ce livre ?

— Après une année de demandes incessantes, l'un des chefs a fait déposer un jour une bible dans ma cellule. C'était le 26 juin 1986. On n'oublie pas la date de son sauvetage. Il s'agissait d'une édition récente, la *Traduction œcuménique de la Bible* (TOB).

— Quel bon choix ! fait l'une des religieuses.

Elle a un visage jeune et des yeux intelligents. Après la mère supérieure, c'est elle qui en impose le plus par son rayonnement et la douceur inflexible de son regard.

— La TOB est une édition remarquable.

— Alors vous allez en conclure, ma sœur, qu'ils n'étaient pas si mauvais. Ce fut l'un de leurs rares bons gestes. À chaque déménagement, nous perdions les quelques livres dont nous disposions. Mais ils n'égaraient jamais la bible. Ils l'apportaient en la manipulant délicatement. Une attitude étonnante de la part de nos geôliers. C'étaient des êtres brutaux. Ils avaient un rapport presque toujours conflictuel avec ce qu'ils touchaient. Dès qu'un objet leur résistait, ils cassaient tout.

— Quels sont les passages que vous préférez dans la Bible ? demande la jeune religieuse.

Je raconte que la Bible fut pendant cette épreuve un « véhicule spirituel tout-terrain ». Je faisais mon miel aussi bien des « contes orientaux » de l'Ancien Testament que des Évangiles, avec une préférence pour Luc, l'évangéliste des Béatitudes, des pauvres et des réprouvés.

— Et les Psaumes ? Lisiez-vous les Psaumes ?

— Chaque soir nous récitions le psaume 143 : « L'ennemi m'a persécuté. » Les vers de ce psaume convenaient parfaitement à la situation. Je lisais moins les autres.

— Pourquoi donc ?

— J'avais moins de goût pour les lamentations. Ces plaintes m'apparaissaient trop passives et peut-être adaptées de manière trop évidente à notre situation. David n'arrête pas de gémir sur son malheur. Je trouvais que c'était inopérant pour moi. Dieu devait en avoir assez de ses reproches incessants. Je préfère le ton de Job. Sur son tas de fumier, il a un vrai sens de l'humour. J'aime l'humour, cette posture de résistance que l'on pratique dans les situations les plus désespérées.

Cette histoire d'humour semble plaire beaucoup à l'assistance. Ces sœurs sont gaies. Il y a de la gravité dans leur enjouement. Elles possèdent l'allégresse que l'on imagine chez François d'Assise. Elles regrettent que je ne sois pas venu avec ma femme, Joëlle.

— Elle s'est battue magnifiquement.

— Justement, elle ne croyait qu'aux faits. Une vraie matérialiste, au sens philosophique.

Son réalisme a permis ma délivrance. Elle ne croit pas à la prière. C'est une mécréante. Elle a pourtant été élevée chez les Ursulines.

— Ça ne signifie rien, fait l'une des religieuses.

— Pendant ma détention elle était souvent révoltée : « Je vais finir par croire au diable », disait-elle.

— C'est un bon début... Quand on croit au diable, fatalement on croit à Dieu.

La conversation se poursuit à bâtons rompus. Elles commentent entre elles mes propos. Je les prends en flagrant délit de bavardage. Je déclare que nous sommes faits pour nous comprendre puisque nous avons en commun l'expérience de la claustration.

— La seule différence, dit la jeune religieuse, c'est que nous, nous avons choisi d'être enfermées.

— J'avoue, mes sœurs, que je comprends à présent ce besoin de quitter le monde, de tourner le dos à la ville, aux vanités, aux intérêts. J'étais presque parvenu, la dernière année, à abolir l'horreur de ma situation. Je me sentais pacifié. Jamais, entre ces quatre murs, je ne me suis senti aussi près de Dieu. Les ténèbres, l'isolement, l'enchaînement concentraient intensément mon esprit vers la prière. Évidemment je ne puis avoir la nostalgie de cette période. Je n'ai jamais retrouvé une telle proximité avec

Dieu. À la fin, je me voyais comme un moine zen.

— Nous ne sommes pas totalement recluses. Parfois un événement exceptionnel nous oblige à sortir de la Solitude : la mort d'un membre de notre famille, par exemple.

— À mon tour de vous poser une question, mes sœurs. Avez-vous goûté le vin de la Solitude ?

— Bien sûr. Pour les grandes occasions. Cela arrive une ou deux fois par an.

— Qu'en pensez-vous ?

La religieuse au regard vif sourit.

— C'est que nous ne connaissons pas le langage du vin. Cependant nous l'apprécions. Nous n'avons aucun rapport avec le travail de la vigne, mais nous savons que le vin de la Solitude permet à la communauté d'assurer une partie de sa subsistance.

Attendri, Roland Belloc regarde les religieuses. Il ne les savait pas si loquaces. Ne les ai-je pas détournées de leur occupation ? Nous les avons « distraites ». Leur allégresse, leur vivacité sont réjouissantes. Elles rayonnent. Est-ce cela la grâce ?

« N'est-ce pas qu'elles sont étonnantes ? » chuchote Roland Belloc alors que nous regagnons le monde.

HENRI DUBOSCQ,
LE DISSIDENT DU MÉDOC[1]

> Henri Duboscq, propriétaire de Haut-Marbuzet, occupe une place singulière dans le monde bordelais. Son vin, qui a ses amoureux et ses détracteurs, est inclassable. Haut-Marbuzet est un cas d'école troublant.

Le portrait de Talleyrand est partout. Dans les bureaux du domaine, dans la chambre à coucher. Quand on s'étonne auprès d'Henri Duboscq de sa fascination pour le « Diable boiteux », symbole de la dissimulation et du cynisme, il répond : « N'est-on pas toujours attiré par les qualités ou les défauts que l'on ne possède pas ? » Le propriétaire de Haut-Marbuzet a au moins un point commun avec le prince de Bénévent, la sagacité, cette intuition, cette agilité d'esprit et cette éloquence acérée qui viennent à bout de tous les obstacles. S'y

---

1. Ce texte a été publié pour la première fois dans *L'Amateur de Bordeaux* n° 44 (1994).

ajoute peut-être un goût pour l'insoumission qui poussa l'ancien évêque d'Autun à rompre avec sa caste et à épouser la cause de la Révolution. Henri Duboscq est lui aussi un rebelle, en butte à ce qu'il appelle « les puristes » du vin et à l'*establishment* bordelais. À Haut-Marbuzet, pas d'œnologue conseil, pas de maître de chai. Henri Duboscq fait tout.

Quand on l'interroge sur sa formation, il répond : « Mais je suis le fils d'Hervé Duboscq ! » Un tel père vaut tous les diplômes. Vacher du Béarn devenu sous-chef de gare puis vendeur de bouchons, ce père ne croyait qu'à la terre. En 1952, il avait acheté en viager un vignoble de 7 hectares, Haut-Marbuzet, vestige d'une vaste propriété, le domaine de Marbuzet, détenu au début du XIXe siècle par une famille d'origine irlandaise, les Mac Carthy. Ne trouvant pas d'acquéreurs, les petits-enfants du propriétaire furent contraints en 1852 de morceler le domaine en onze lots. Au prix d'une longue et patiente politique d'achats, d'un travail acharné et de ce côté inspiré qui pourrait le faire passer pour un illuminé, s'il n'y avait chez lui ce robuste bon sens et une lucidité jamais en défaut, le fils du pâtre béarnais a pratiquement reconstitué dans un acte de fidélité au père le vignoble originel, qui compte 62 hectares. Aujourd'hui il habite la demeure des Mac Carthy.

Lorsqu'il contemple le chemin parcouru,

Henri Duboscq est fier de lui. Il ne cache pas la part de revanche qu'il y a dans cette réussite. Elle le dédommage de l'humiliation qu'il a longtemps subie. Il dit qu'il a reçu de son père une formation de « berger-guerrier ». Henri doit tout à Hervé, « homme profondément orgueilleux, d'autant plus fier qu'il était désargenté ». Le maître de Haut-Marbuzet parle de dignité. Mais ce principe ne l'aveugle pas. Haut-Marbuzet est sans doute le vin le plus atypique du Médoc. Impossible de le ranger dans une catégorie. Son originalité suscite la polémique depuis vingt ans. Ses détracteurs soutiennent qu'il élabore un vin facile, racoleur, un brin vulgaire. Ces critiques l'amusent. Elles le stimulent même. Il ne les balaie pas dédaigneusement, d'une moue ou d'un revers de la main, loin de là. « Haut-Marbuzet est un vin populaire », assène-t-il. Qu'est-ce qu'un vin populaire ? « C'est le vin du public, ce n'est pas le vin des intellectuels. » Qu'entend-il par là ? « Haut-Marbuzet, c'est une armée de vingt mille partisans, une troupe de volontaires... Mes affidés... La secte Duboscq. »

Bigre ! Le maître de Haut-Marbuzet ne serait-il pas mégalomane ? Assurément il l'est, mais son principal atout est que l'ambition ne l'égare jamais. Son orgueil, il ne le cache pas, il l'exhibe. Tant de mégalomanes font la comédie et jouent les faux modestes. Dans sa folie des grandeurs, l'admirateur de Talleyrand sait toujours s'arrêter à temps. Il a failli racheter Le Boscq, vieille propriété de Saint-Estèphe située au bord du fleuve : « Vous vous rendez compte ! Château Le Boscq !... Le couronnement pour mon narcissisme. Mais j'ai réfléchi froidement. J'ai beaucoup acheté ces derniers temps... Je possède presque tout le hameau de Marbuzet... Je me suis souvenu de la réflexion de mon ami Gautreau[1] : "Un château, ou ça devient une ruine, ou ça te ruine." » Surtout, comme son maître Talleyrand, Duboscq ne perd jamais le but final. « Mes détracteurs ont créé mes partisans. Ils me sont nécessaires. Au début, j'avoue, j'ai souffert de leurs attaques. Depuis quelque temps, j'entretiens moins la polémique. On m'a admis. Je trouve cela inquiétant. »

Quelle est chez lui la part de la provocation ? Chez cet insoumis, la passion du défi et une vive répugnance pour tous les conformismes sont irrépressibles. Henri Duboscq est un homme qui a beaucoup réfléchi sur lui-même et sur son vin. Il s'exprime avec un brio remarquable. Servi par un sens de la rhétorique et un usage parfait de la langue française, il n'a pas son pareil pour subjuguer l'auditoire. Une allocution d'Henri Duboscq est un grand moment. Son discours repose toujours sur un paradoxe. Exemple : « En

---

[1]. Jean Gautreau, propriétaire du château Sociando-Mallet, l'autre dissident du Médoc.

matière de vin tout est possible. Rien ne l'est. »
À ceux qui dénigrent Haut-Marbuzet, cru qui
pécherait par trop de système, il répond : « Mais
je suis l'ennemi de la technologie. Le génie du
vin est celui de son terroir. »

Pourtant, les critiques sur Haut-Marbuzet
portent sur cette interrogation : la typicité du
saint-estèphe n'est-elle pas absente de ce vin ?
L'explication d'Henri Duboscq est simple :
« On confond deux choses. Le saint-estèphe de
jeunesse et le saint-estèphe de maturité. D'ordinaire le saint-estèphe à ses débuts se révèle
distant, austère, viril. C'est un vin qui met beaucoup de temps à s'épanouir : il est peu jovial, il
passe pour avoir des manières rustiques à cause
de la rudesse de ses tanins. Mon tempérament
se situe exactement à l'opposé du saint-estèphe.
Je suis volubile, exubérant et plutôt caressant.
Je fais donc le vin qui me ressemble car ce que
j'aime par-dessus tout, *c'est moi*. Il m'a donc fallu
échapper à cette "typicité" qu'on prête à Saint-
Estèphe. Momentanément, j'ai dû dompter le
terroir. Jeune, Haut-Marbuzet est davantage
Duboscq que Saint-Estèphe. Voilà pourquoi il
choque les puristes. Au bout de trois ou quatre
ans, c'est une autre affaire. Mon vin m'échappe.
Il n'a plus le flamboiement de Duboscq mais il
ne montre pas encore le génie de son terroir.
Haut-Marbuzet va connaître alors une période
de réflexion. Les amoureux de ce vin ne recon-

naissent plus la fringance de ses débuts. Je dirais que, lassé d'être brillant, Haut-Marbuzet entreprend d'être profond. Le terroir va désormais faire oublier le vinificateur. »

Le propriétaire de Haut-Marbuzet reconnaît avoir longtemps tâtonné. Au début, le merlot avait sa faveur. Il l'a abandonné au profit du cabernet-sauvignon, qui couvre à présent 40 hectares de son domaine. La barrique neuve qui a donné au haut-marbuzet ce goût boisé si particulier lui a fait jadis commettre quelques erreurs. « C'est mon père qui a eu l'idée de loger son vin dans du bois neuf. Par nécessité. Il ne disposait d'aucune barrique usagée lorsqu'il a acheté le domaine. On lui déconseillait cet usage du bois neuf : "Vous logez du tanin dans du tanin." En fait, il s'est aperçu que le goût lui plaisait. Le vin était onctueux avec des notes exotiques. Je reconnais que Haut-Marbuzet était alors superbement racoleur. Son espérance de vie était peut-être moindre. Il reste que ces haut-marbuzet ont séduit énormément. »

Le vin de Duboscq a été le grand initiateur pour toute une génération qui découvrait le vin. Certains lui sont restés fidèles, d'autres s'en sont éloignés. Il n'empêche qu'il occupe une place à part dans ce qu'on pourrait appeler le « rite de passage ». Haut-Marbuzet constitue l'admission à un culte, celui des grands vins. Beaucoup restent à jamais attachés à ce moment qui les a introduits à la connaissance du bordeaux, vin qui exige plus que d'autres une éducation. Duboscq est un cas unique d'école, quelque chose de singulier, une licorne dans le trop parfait ordonnancement médocain, monde convenable où chacun reproduit les gestes du voisin.

On en revient toujours à Talleyrand, homme de contestation et de séduction, personnage de l'histoire de France qui reste, deux siècles après, éminemment conflictuel. Qui connaîtra jamais sa véritable nature ? Qui est Henri Duboscq ?

TENTATIVE D'AUTOCRITIQUE

BORDEAUX-BOURGOGNE[1]

Bordeaux contre bourgogne. La vraie coupure de la France est dans cette opposition. Droite, gauche, ultralibéraux et tenants de l'État-providence, école libre, école laïque, ce ne sont que des antagonismes artificiels et récents. La ligne de fracture du pays est l'éternelle querelle entre Armagnacs et Bourguignons. Une opposition qui relève d'une philosophie du monde et de la vie. Un conflit idéologique, presque aussi vieux que la France. Quand quelqu'un déclare : « Je suis "bordeaux" », il n'y a plus rien à dire. On ne le fera pas changer. En politique, des accommodements sont possibles, des renoncements peuvent passer pour des vérités pragmatiques. Rien n'est définitif. Bordeaux-bourgogne, le conflit échappe à la conscience, il

---

1. Cet article remanié et actualisé, à la différence des autres textes, n'a plus guère de rapport avec les pages publiées dans *Le Magazine littéraire* (octobre 1989), puis en appendice dans *Le Bordeaux retrouvé* sous le titre « La Morale du bordeaux ».

est grave, profond et ne veut pas s'apaiser, tout simplement parce qu'il relève de l'aptitude à sentir, à éprouver une sensation. Cela s'appelle le goût. Dans cette divergence, les Français ont trouvé le secret de leur appartenance.

Le bourgogne est le vin français par excellence. Louis XI ne buvait que du volnay. Louis XIV fut guéri en absorbant de la romanée-saint-vivant. Napoléon ne buvait que du chambertin, qu'il coupait d'eau. Le bourgogne correspond à l'idée que les Français se font d'un bon vin. La trogne rouge et la truculence rabelaisienne, la générosité et la jovialité de l'accueil, les toiles d'araignée dans le caveau, les lettres gothiques sur les étiquettes garantes de la tradition et preuves de l'authenticité du vin : aucun doute, nous sommes chez les Gaulois. Le bourgogne est un vin terrien, continental, artériel. Il est au cœur de notre géographie et envoie le sang à tout le corps. Sacralisée, la substance liquide bourguignonne s'est répandue dans tout l'organisme, elle réchauffe et vivifie le vieux pays. Le bourgogne appartient à notre histoire, à la terre des ancêtres. Avec ce vin, Gaston Roupnel rêvait de « faire trinquer le monde entier à la santé de la France ». Une manière d'hommage que rendraient tous les pays à son vin et à sa province. Cette marque d'admiration circonscrite à la Bourgogne n'a jamais prétendu à l'universalité. Vin transmis, il est d'essence patrimoniale, enraciné dans un monde culturel qui nous est familier. Beaucoup de viticulteurs bourguignons se flattent encore de faire leur vin « à l'ancienne ». Une instinctive familiarité s'est créée entre les Français et *leur* vin. Il convient bien au fonds paysan et sensuel de ce peuple. Toutes ces chansons à boire et cette abondante littérature bachique, où le vin est sans cesse comparé à la femme, sont inexistantes à Bordeaux.

Baudelaire a établi une correspondance entre le vin et la musique. Il évoque le bourgogne, le jurançon, les vins du Rhin. Aucune mention n'est faite du bordeaux. Ce vin en effet n'est pas français. Inventé par les Anglais, lancé sur le marché par les Hollandais qui l'acheminèrent dans tous les ports de l'Europe du Nord, organisé par les Allemands d'origine hanséatique qui ont joué un rôle décisif dans sa commercialisation sur place, le bordeaux fut longtemps un « vin de l'étranger ». Certes ce vignoble est à l'origine une création anglaise, mais ce sont les Allemands qui l'ont mis en état de fonctionner économiquement à un moment capital de son existence, le XVIIIe siècle, époque où est né le bordeaux moderne tel qu'on le déguste aujourd'hui. Installé dans le quartier des Chartrons, « la cité interdite », ces négociants d'origine germanique qui ont pour nom de Bethmann, Schröder, Schyler, de Luze,

Kresmann, Cruse, lui ont donné une dimension universelle[1].

Entre le grand large et le continent, Bordeaux choisira toujours le grand large. Le bordeaux doit en effet sa fortune au principal ennemi du vin, l'eau. C'est à la proximité de l'océan qui permettait d'atteindre l'Angleterre et l'Europe du Nord que le bordeaux doit sa réussite. Il a rayonné dans le monde entier. D'où cette prétention planétaire non exempte parfois de messianisme chez ses *winemakers*. Il y a une France des ports et une France du Centre. Une France marchande et atlantique et une France paysanne, comme l'a naguère démontré l'historien américain Edward W. Fox[2]. Les deux modèles n'ont pu coexister dans le même État qu'en s'ignorant. Le destin du bourgogne est sur la terre. Vin solide, minéral, solaire, il est l'héritier de la tradition dionysiaque. Tendre, malicieux, il réjouit le cœur de l'homme et incarne la fête, le rire, la nature, l'acquiescement à la vie. Le bordeaux, caractérisé par l'ordre et l'équilibre, est apollinien. Il représente la mesure, la symétrie, la nature domestiquée. Une certaine forme aussi de théâtralité qui s'observe dans le château viticole, notion inventée par les Bordelais. Cette architecture, incarnée

---

1. *Bordeaux-Baltique, la présence culturelle allemande à Bordeaux aux XVIIIe et XIXe siècles*, par Michel Espagne, Éditions du CNRS, 1991.
2. *L'Autre France*, Flammarion, 1973.

au XVIIIe dans la chartreuse, est destinée à recevoir non à être habitée. On doit à Bordeaux ce concept très moderne d'image de marque servi par un sens remarquable du faire-savoir et des relations publiques[1].

Vinexpo, devenu la cérémonie mondiale du vin, témoigne aujourd'hui de cette aptitude naturelle au spectacle. La semaine des primeurs est devenue un happening où l'on juge un millésime qui n'est pas achevé. Seuls les Bordelais pouvaient concevoir ce tour de passe-passe remarquablement maîtrisé qui attire journalistes et importateurs du monde entier. Moins obsédé par le profit, peu sensible aux apparences, le monde viticole bourguignon reste encore marqué par ses origines cisterciennes. Aucune opposition entre l'esprit et la forme. Le dedans et le dehors ne font qu'un. Cette relation intime et unifiante avec la vigne, l'organisation familiale sont garantes d'une authenticité dont s'éloignent parfois les seigneurs bordelais.

Pour survivre, le bordeaux a dû ruser alors que le bourgogne s'est contenté d'être cette chaude présence qui palpite dans les entrailles du pays. Au XVIe siècle, les Bénédictins, propriétaires de Carbonnieux près de Bordeaux, vendaient leur cru au sultan de Constantinople, qui

---

1. *Château Bordeaux*, catalogue de l'exposition du Centre Pompidou sous la direction de Jean Dethier, 1988.

le prisait fort. Cependant, pour ne pas porter atteinte au Coran, le vin lui parvenait sous le nom d'« eau minérale de Carbonnieux ». C'est en faisant croire au maréchal de Richelieu qu'il buvait des crus de la côte de Nuits et de Beaune que le président de Gasq, propriétaire de domaines réputés, lui fit aimer le bordeaux.

À cette époque, les Français commencèrent à s'intéresser au bordeaux. Non sans quelque méfiance. Peut-être ce vin les impressionnait-il. Il avait quelque chose de distant. Tous ces crus tenus par l'aristocratie ! Ce n'était pas pour eux. Sur le tard, ils ont reconnu ce rejeton bizarre ayant grandi à l'écart. On n'en avait que pour l'aîné, le bourgogne. L'expression du bon, du vrai. Le réel dans toute sa force. Pourtant on entendait dire que le cadet méritait plus que de l'attention. Il n'en avait pas l'air, mais c'était un surdoué. Un peu réservé sans doute. On allait découvrir plus tard une bête à concours.

Les Français ont toujours senti que ce vin leur échappait. « N'est pas dans le bordeaux qui veut[1] » (Philippe Sollers). Néanmoins ils ont fini par l'adopter. Aujourd'hui ils se demandent si les préventions du début n'étaient pas justifiées. Toutes ces cajoleries qui viennent de l'extérieur. Après la Grande-Bretagne et les États-

---

1. « Bordeaux, cité des lumières », *Le Point*, 25 avril 2003 in *Voyage aux pays du vin* (Robert Laffont, Bouquins, 2007).

Unis, c'est au tour de la Chine de s'enticher de bordeaux. Ce vin n'aurait-il pas perdu la tête ? On aimerait une bonne fois pour toutes qu'il choisisse son camp. Le problème est que le bordeaux ne choisira jamais. C'est un vin qui joue sur tous les tableaux. Dedans, dehors. C'est sa vocation. Depuis l'époque où il fournissait les terres protestantes de l'Europe du Nord, il se veut cosmopolite, international. Son principe fondateur date des Lumières, qui voit apparaître une viticulture de qualité. Croyance dans le progrès mais aussi dans l'investissement. Les Bordelais sont des commerçants dans l'âme. L'un est un vin créé par des marchands, l'autre par des moines. Pragmatisme du bordeaux qui s'accommode de plusieurs cépages. Idéalisme du bourgogne qui ne s'en rapporte qu'à un seul.

N'oublions jamais qu'à la différence du bourgogne, marié définitivement au pinot noir, le bordeaux est un vin d'assemblage. Entre le cabernet-sauvignon, le merlot et le cabernet franc, qui sont des cépages pleins de disparité, il faut tirer un équilibre et une organisation parfaits. Sans doute le pinot noir n'est-il pas facile à cultiver, il sait exprimer mieux que les cépages bordelais les nuances infinies des climats et des crus, mais c'est dans la durée que se juge un vin. Que de millésimes anciens de bourgogne se révèlent certes soyeux mais mous, sans vivacité, alors qu'un grand médoc garde cette fraîcheur en bouche, cette netteté et cette limpidité que confère le cabernet-sauvignon. Pour les vins blancs, ne barguignons pas : les bourgognes sont les plus grands de France et même du monde. La reconnaissance de cette supériorité que les Bordelais concèdent volontiers aux blancs suscite à juste titre la méfiance des Bourguignons, persuadés que cette concession n'est qu'une manœuvre pour affirmer la prééminence de leurs rivaux dans le domaine des rouges.

*

Même si j'ai choisi mon camp, je guigne de plus en plus avec curiosité le terrain où les troupes adverses sont installées. Il m'arrive souvent d'être séduit par la dégustation d'un grand bourgogne. Je confesse que j'ai longtemps mal jugé ce vin. Je trouvais qu'avec ses parfums qui explosent au nez, il accordait trop aisément ses faveurs. Il parlait immédiatement aux papilles. Je croyais qu'il avait le contact trop facile. Il est vrai que, par tempérament, je me méfie de ces rencontres rapides où l'on offre d'emblée tout ce qu'on a. J'ai commencé à changer d'avis au milieu des années 90. Ce long cheminement doit beaucoup à l'amélioration remarquable d'un vignoble qui avait connu un passage à vide dans la décennie 1980. Je m'aperçois aujourd'hui que cette évolution correspond aussi à un moment où les grands crus de Bordeaux se sont éloignés de l'idéal de finesse que je retrouvais chez ces bourgognes. Heureusement tous les propriétaires bordelais n'ont pas succombé à cette mode des vins qui exagèrent tout : l'extraction, le gras, les arômes, le degré alcoolique. Le modèle de délicatesse, d'équilibre n'a pas disparu et reste, Dieu merci, pour beaucoup le but à atteindre.

Le bordeaux passe pour un vin réservé, voire sévère. C'est souvent vrai dans sa prime jeunesse. Il y a au départ cette intransigeance du cabernet-sauvignon qui refuse tout compromis pour mieux s'abandonner ensuite. Comme leur vin, les propriétaires bordelais marquent une certaine retenue. On parle de « froideur britannique ». Et l'on en déduit que les vins qu'ils font sont à leur image. En réalité, le monde bordelais est le plus ouvert, le plus hospitalier que je connaisse. Le problème est qu'il faut posséder les clés. Il suffit que la passion ou la compétence soit constatée pour que les portes s'ouvrent. Si l'on n'est qu'intéressé ou moyennement qualifié, cela prendra plus de temps. Ces propriétaires qui ont une réputation de quant-à-soi apprécient la ferveur chez autrui. Ils sont prêts à tout pour satisfaire l'enthousiasme qu'ils ont reconnu chez un vrai amateur. Le bordeaux est plus un credo qu'une religion. On a la foi ou on ne l'a pas. Si vous croyez, vous serez sauvé.

Au fond d'eux-mêmes, ces propriétaires sont persuadés qu'ils font le meilleur vin du monde. La conscience de leur excellence les paralyse. D'où leur contention et ce côté fort en thème qui peut se révéler exaspérant. L'admiration que leur prodigue l'univers les rend quelque peu timides. On prend souvent pour de l'arrogance des manières guindées et un certain manque de spontanéité. Les mauvaises langues prétendent que le naturel revient vite lorsqu'il s'agit de fixer les prix et de vendre plus cher que le voisin.

Dans un livre consacré à la Bourgogne[1], Robert Parker affirme que les vins y sont « très difficiles à décrire ». Il ajoute que le pinot noir « laisse toujours planer un mystère en n'imprimant pas au vin sa marque indélébile, contrairement au cabernet-sauvignon ou au chardonnay ». Parker revient souvent dans son livre sur ce « mystère bourguignon ». Je ne pense pas que c'est pour lui une manière de se dérober. Même Pierre Poupon, qui a écrit parmi les plus belles pages sur le bourgogne, éprouve des difficultés à le caractériser. Le critique américain est bien placé pour savoir que la vérité d'un vin, en tout cas son point essentiel, est rarement atteint. Il se dissimule dans cette part insaisissable et incompréhensible que Parker, qui ne manifeste pourtant pas une dévotion excessive pour ce vin,

---

1. *Les Vins de Bourgogne et du Beaujolais*, Solar, 1993.

essaie vainement d'approcher. De guerre lasse, il finit néanmoins par reconnaître que lorsque « le bourgogne est à son apogée, il est le vin le plus majestueux, le plus glorieux et le plus sensuel qui soit ». Bel aveu d'impuissance émanant d'un expert qui n'a pu accéder qu'au sens apparent et superficiel et qui veut bien reconnaître que la part profonde de ce vin restera hermétique. Cet examen de conscience est l'hommage le plus éclatant qu'on puisse rendre au bourgogne.

La limite du bordeaux ne résiderait-elle pas dans l'absence de mystère ? Il passe pour être impénétrable, mais ce n'est pas un état qui dure. Une fois que les tanins ont consenti à se lisser, il apparaît saisissable, cohérent, dans toute sa splendeur apollinienne, tandis que le bourgogne, par-delà son apparence aimable, facile presque tautologique, cache une composante inatteignable où se cache sa vraie singularité.

Le bourgogne est plutôt un vin de nez, d'arômes. Sans doute excelle-t-il à extérioriser sa part olfactive, mais ce n'est qu'un élément, une façade. On peut bien sûr mettre en avant le velouté de texture, la complexité en bouche des parfums où prédominent les fruits rouges et noirs, la finale généralement onctueuse. Mais il manquera toujours un élément essentiel à cette description : le caractère énigmatique et envoûtant du pinot noir.

Paradoxalement, la dimension tactile du bordeaux contribue à en faire un vin immédiatement intelligible. C'est lorsqu'on mâche un bordeaux et qu'on le brasse au creux de la langue qu'il s'identifie à nous et donne toute sa mesure. Le bordeaux possède une trame, plus ou moins serrée selon l'année ou la qualité du terroir. C'est un vin *palpable*. Le palais le tâte, l'ausculte, le caresse pour le posséder et l'aimer. Le bordeaux obéit à des règles de conduite. Après un vrai apprentissage, on en vient à bout. Il faut simplement décoder. L'initiation terminée, tout devient clair.

À l'opposé, le bourgogne ne s'apprend pas. J'ai longtemps pensé qu'une formation n'était pas nécessaire puisque le bourgogne nous était inné à nous, Français. Je me suis laissé abuser par son apparence tendre et liante. Cette part sibylline qui, chez lui, se dérobe et qu'on désespère de nommer est évidemment la seule qui vaille, la plus intense, la plus délectable.

Le système de classement éclaire le caractère antinomique des deux vignobles. Le bordelais est le plus simple, le bourguignon le plus beau, une œuvre d'art. Mais la beauté de ce mille-feuille géologique est un vrai casse-tête. Le classement de 1855 du médoc et du sauternes, qui reflète l'état du marché dans la première moitié du XIXe siècle, possède la force et l'évidence de l'ordonnance classique. C'est un système hiérarchique parfaitement clair avec la répartition en cinq groupes qui s'organise sans esprit de rivalité. Dans un pays où tout ordre ancien a pratiquement disparu, face au « néant du monde », le classement de 1855 est un « miroir de vérité », pour reprendre le mot de Saint-Simon. Toute transgression entraînerait un non-sens. En 1973, Mouton a rejoint les premiers crus classés, hardiesse inouïe, proche du sacrilège, surtout si l'on songe que cette élévation devait être un premier pas vers une révision générale du classement, hypothèse dont tous les acteurs savaient qu'elle était absolument inenvisageable.

Le bourgogne, avec plus de cent appellations différentes, est aussi complexe que le duché du même nom au temps du Téméraire. Avec cinquante et un hectares, le Clos Vougeot comporte quelque quatre-vingt-dix parcelles réparties en quatre-vingts propriétaires. Ce sont les moines-vignerons bénédictins qui ont inventé cette notion bourguignonne de *climat*, parcelle soigneusement délimitée, notion qu'ignore Bordeaux. Le classement de 1855, qui donne une échelle de la qualité des vins et de leur régularité en fonction de leur prix de vente, ne fait aucune allusion au terroir. Même si ce dernier est déterminant, c'est le propriétaire qui marque la qualité du cru. La superficie n'a pas un caractère immuable, elle n'est soumise qu'à un seul impératif : produire des vins conformes à la réputation du domaine et à la distinction qu'impose le classement. Les propriétaires ne sont que des dépositaires de signes qui les dépassent.

Excepté Mouton, Léoville Barton et Langoa Barton, tous les crus classés ont changé de mains depuis 1855. Certains ont connu des faiblesses passagères, aucun n'a dérogé.

Le bordeaux serait-il le produit d'une volonté humaine s'opposant ainsi à la Bourgogne où le terroir l'a emporté ? Il est certain qu'à l'origine, un vignoble comme le Médoc a été inventé et sculpté par l'homme. À partir de landes marécageuses et de terres plates, les hommes ont fini par donner existence à un vrai jardin au prix d'un travail de drainage, d'assèchement, de transport des terres. Respectueuse d'une mosaïque très compliquée de parcelles, la Bourgogne se présente comme un vignoble de terroirs mais, comme l'a écrit Gaston Roupnel, « le grand vin est né des longues peines d'un village autant que des entrailles minérales d'un sol[1] ».

Les longues peines. Dans le Bordelais comme en Bourgogne, c'est l'homme qui identifie et révèle le terroir viticole. C'est lui qui l'interprète. La qualité de l'interprétation repose pour une large part sur une question de fonds et de

---

1. « Le cru et la marque », texte paru dans *Le Progrès de la Côte-d'Or*, 3 mars 1930, cité par Philip Whalen in *Le Bon Vin, entre terroir, savoir-faire et savoir-boire. Actualité de la pensée de Roger Dion*, sous la direction de Jean-Robert Pitte, CNRS Éditions, 2010.

moyens. Depuis le XVIIe siècle, une viticulture de qualité pratiquée par l'aristocratie s'oppose à la « viticulture simplifiée » (Dion) des vignerons impécunieux, qui ne peuvent produire qu'un vin médiocre.

À *L'Amateur de Bordeaux*, nous avions organisé en 1992, entre Bordelais et Bourguignons, une rencontre que l'on pourrait qualifier d'historique. Ils ne se connaissaient pas, ou plutôt ils ne s'étaient pas revus depuis 1952. Pour la première fois dans les annales de la confrérie des Chevaliers du Tastevin, un bordeaux avait été servi au cours d'un chapitre consacrant les épousailles de deux grands vins. C'était un léoville-las cases 1945. Le mariage fut sans lendemain, chacun reprenant sa vie sans se soucier de l'autre. On aurait pu dire qu'ils étaient mal assortis, hostiles l'un à l'autre ou même incompatibles. Rien de tout cela. Une absence totale d'intérêt et de curiosité. Deux mondes imperméables l'un à l'autre.

Pour assurer le succès de cette nouvelle rencontre entre Armagnacs et Bourguignons, notre revue avait bien fait les choses en préparant un numéro spécial « Bordeaux-bourgogne » auquel collaborèrent les deux parties. J'avais interviewé pour l'occasion le psychanalyste Jean Laplanche, par ailleurs propriétaire du château de Pommard. Non sans humour, ce dernier n'avait pas manqué de railler les propriétaires bordelais, toujours absents de leur vignoble et avares de leurs vins. Il m'avait confié que lorsqu'il recevait en cave un Bordelais, il lui donnait à déguster le dernier vin sur fûts puis annonçait : « La visite bordelaise est terminée... Maintenant, la visite bourguignonne va commencer. » Et de déboucher, en remontant les millésimes, une dizaine de bouteilles, dont certaines vénérables. Dans cette interview, le Bordelais Philippe Sollers, qui avait osé dire que le bourgogne était un vin bon seulement pour la sauce, en avait pris pour son grade. Après avoir goûté le cru du psychanalyste, je l'avais un peu provoqué en lui disant que son pommard avait un côté bordelais par sa structure tannique très serrée. Il avait éclaté de rire : « Je constate que vous appréciez le petit nègre quand il arrive à ressembler au seigneur blanc. »

Finalement, tout n'était pas perdu... Il reste qu'en relisant vingt ans après les diverses contributions, je suis frappé par le nombre de perfidies distillées de part et d'autre, reposant pour la plupart sur des préjugés et des racontars, proférés évidemment pour faire table rase du passé et mieux se rabibocher. Cette deuxième visite des Bordelais en Bourgogne fut un succès. Les Bourguignons avaient mis les petits plats dans les grands et constaté que les Bordelais, à tout prendre, n'étaient pas si bêcheurs.

Grâce à la générosité d'Alexandre de Lur

Saluces, un yquem fut servi lors du chapitre du Tastevin où je fus intronisé avec des Bordelais. C'était la deuxième fois en quarante ans qu'on buvait un bordeaux sous les voûtes de l'illustre confrérie. Je me souviens de la grimace de mes voisins, une famille de vignerons venue au complet, connue pour produire un vin réputé de la côte de Beaune. Pour la première fois de leur vie, ils goûtaient un sauternes. « Pouah, c'est écœurant ! » s'était exclamée l'épouse. « Ils ont le droit de mettre autant de sucre[1] ? » avait renchéri l'un des fils. En partant, je constatai que les verres d'yquem étaient restés quasiment pleins.

L'un des bordeaux les plus mémorables de ma vie, je l'ai dégusté en Bourgogne. Et pas n'importe lequel, latour 1929. Lalou Bize-Leroy, qui élabore de loin les plus beaux vins de la côte bourguignonne (chambertin, richebourg, volnay-santenots, corton-charlemagne), l'avait ouvert en notre honneur dans sa maison d'Auvenay. De toutes les personnalités du vin que j'ai fréquentées, Lalou est certainement la plus fascinante. J'ai appris chez elle à aimer le bourgogne — on me dira qu'il y a pire en matière d'initiation. Être convié à la somptueuse dégustation qu'elle organisait tous les deux ans

---

1. L'adjonction du sucre dans le moût (chaptalisation) est autorisée à Sauternes, mais Yquem s'y est toujours refusé !

était un honneur que journalistes et sommeliers n'auraient voulu manquer à aucun prix. Que de discussions avons-nous eues sur les vins de Bordeaux : « Le vin reflète le paysage. Le vignoble bordelais manque de rondeurs, excepté Saint-Émilion. Est-ce un hasard ? » Comme beaucoup de Bourguignons, Lalou préfère les vins de la rive droite. Cela ne l'empêche pas d'avoir été éblouie par ce latour 1929, l'une de ses plus belles expériences en matière de dégustation. « Pour moi la pureté suprême. » Cependant, la Bourguignonne intransigeante qu'elle est se disait perturbée par cette histoire d'assemblage : « Disposer de plusieurs cépages est une manière d'apporter des correctifs. Je suis opposée aux artifices qui permettent le repentir. J'aime cette idée qu'un cépage est une clé, la clé unique qui ouvre un terroir et permet d'en atteindre la vérité et le mystère. »

La vérité et le mystère, on en revient une fois de plus à l'impossible dévoilement bourguignon. Faut-il pour un grand vin que tous les secrets soient dits ? « Cette imminence d'une révélation qui ne se produit pas est peut-être le fait esthétique par excellence » (Borges), un grand texte littéraire ne peut être complètement compris, mais un grand vin est-il une œuvre d'art ? Une fois dégusté, il est détruit. Ne subsiste plus que le souvenir d'un plaisir et d'une émotion unique — ce qui n'est pas rien.

Bordeaux-bourgogne, chacun est resté dans son coin. Comme en 1952, le voyage de 1992 fut sans lendemain. On promit de se revoir, quelques amitiés durables furent nouées. L'indifférence reprit ses droits. Jusqu'à cette nouvelle de 2002 qui causa un certain émoi dans le monde du vin : le projet de mariage entre le château de Pommard, détenu par Jean Laplanche, et Smith Haut-Lafitte, une propriété de Pessac-Léognan appartenant à Daniel et Florence Cathiard. Il s'agissait plutôt de fiançailles, le château de la côte de Beaune passerait progressivement sous la coupe des Bordelais. Voilà qui rivait le clou à tous les sceptiques. Tout de même, les habitudes changeaient, il était temps ! Un peu plus tard, on apprenait que le mariage n'aurait pas lieu. Incompatibilité ? Chacune des parties reprenait sa liberté...

« Il est temps d'enterrer la hache de guerre et d'en finir avec les querelles d'un autre âge », a écrit Jean-Robert Pitte[1]. Le problème est que, lorsque l'on examine l'affaire, les hostilités n'ont jamais commencé. Ces deux vignobles, qui prétendent produire les meilleurs vins du monde, ne se sont jamais vraiment opposés. Aucune concurrence, aucune réelle acrimonie sinon pour le folklore. Chacun continue d'affirmer sa spécificité sans se soucier de l'autre.

---

1. *Bordeaux-Bourgogne, les passions rivales*, Hachette, 2005.

Dans la première version de ce texte publié en 1989, je tentais par jeu d'attiser cette prétendue rivalité en multipliant les agaceries à l'égard du bourgogne. Avec partialité, je prenais fait et cause pour le bordeaux, paré pour la circonstance de toutes les vertus. Je ne renie pas ma passion, bien au contraire. Je l'ai déjà dit, j'ai choisi une bonne fois pour toutes l'église bordelaise et reste l'un de ses fervents paroissiens. Moins dévot sans doute que par le passé. Avec l'âge, la sagesse et la tolérance ont fini par pacifier mon jugement.

À la fin de cet article, je citais la fameuse phrase de Jacques Chardonne : « Sans morale il n'y a plus de vin de bordeaux ni de style. » J'ajoutais, un brin persifleur : « Est-ce à dire que le bourgogne n'a pas de morale ? Il est plein de verve, c'est un vin qui chante le bonheur, un vin d'épicurien. Disons qu'il a le moral. C'est autre chose. »

Je regrette aujourd'hui cette pirouette facile et, on l'a compris, imméritée.

2011.

POSTFACE

UN NOUVEAU MONDE

J'ai écrit ce livre il y a vingt-deux ans dans ma maison des Landes. Je venais de l'acquérir à un moment périlleux de mon existence. J'ai composé ce *Voyage à Bordeaux* dans la foulée d'un autre texte qui m'est cher, *Le Bordeaux retrouvé*[1], relatant certains épisodes de ma captivité à travers la métaphore du vin. Je me souviens que j'écrivais ce *Voyage à Bordeaux* sur la terrasse ouest de ma maison. C'était la fin du printemps, j'étais assis face aux pins, envoûté par leur balancement qui me détournait souvent de mon objectif, décrivant le monde viticole bordelais sans aucune note. Où les aurais-je prises d'ailleurs, ces notes ? J'étais dépouillé. Il m'avait suffi de puiser dans ma mémoire d'*avant*. La précision est d'importance. En réalité, le monde que j'évoque dans ce livre est obsolète. Il se situe

---

1. Ouvrage hors commerce édité par les « Relais et Châteaux » (1989), aujourd'hui épuisé.

non pas en 1989 mais, pour une large part, au début des années 80, voire à la fin des années 70, à un moment où je découvrais l'univers du vin.

Cette période bénie correspond au temps où j'occupais les fonctions de rédacteur en chef de la revue *L'Amateur de bordeaux*. J'exerçais cette activité le week-end alors que j'étais journaliste au *Matin de Paris*. C'était mon hobby. En guise de délassement, certains choisissent le rugby, la guitare électrique ou la collection de timbres, moi je passais mon temps dans le Médoc ou à Sauternes, une distraction et non un métier, encore moins une spécialité. Je me suis toujours considéré comme un amateur, sans esprit de compétition ou d'autorité. L'amateur ne boit pas pour exhiber son savoir et son habileté de dégustateur, mais pour discerner ce qu'il aime et mieux comprendre sa délectation en se conformant à son propre jugement.

Cette découverte du vin de Bordeaux datant du tout début des années 80 m'apparaît comme un âge d'or, un moment d'innocence coïncidant avec le phénomène de démocratisation du vin, ce dernier étant jusqu'alors le privilège d'une classe fortunée d'âge mûr. À cette époque, les journalistes spécialisés se comptaient sur les doigts d'une main, les sommeliers, guère plus nombreux, s'instruisaient sous la houlette débonnaire de Jacques Luxey. Ses dégustations du Grand Jury ont beaucoup compté pour moi.

Les œnologues presque aussi rares n'avaient pas encore pris le pouvoir, excepté peut-être Émile Peynaud, homme fin et pondéré, mais ce pouvoir, il ne le réclamait pas, on le lui avait abandonné. Il ne connaissait pas l'appât du lucre. Sa passion à lui était d'expliquer et de se mettre à la portée des maîtres de chai. Je l'ai entendu parfois exprimer sa lassitude d'être pris pour un oracle.

L'âge d'or est un moment mythique qu'on invente après coup, à la lumière du présent. N'empêche que j'ai aimé cette époque rafraîchissante et généreuse même si regretter le passé est une manière hypocrite de s'attendrir sur ses jeunes années.

La plupart des figures évoquées dans ce livre ont disparu. Henri Martin, Jean-Pierre Moueix, Émile Peynaud, Pierre Coste, Michel Delon, André Cazes, Jacques des Ligneris, Thierry Manoncourt ont presque tous des successeurs. Certains de ces personnages étaient devenus des amis. La mort de Bernard Ginestet, initiateur des *Grand Bernard*[1], ancien maire de Margaux, peintre, essayiste, historien, romancier — j'en oublie certainement —, le plus doué, le plus flamboyant, le plus prodigue de tous, m'a particulièrement affecté.

Nombre de crus classés ont changé de mains.

---

1. Voir bibliographie p. 299.

François Pinault a racheté Latour ; Bernard Arnault, qui a pris le contrôle de Cheval Blanc avec Albert Frère, s'est emparé d'Yquem ; Martin Bouygues est le nouveau propriétaire de Montrose ; Pichon-Comtesse appartient désormais au champagne Roederer ; les Ligneris ne sont plus à Soutard ; les Prats ont vendu Cos d'Estournel ; Mme Ducasse, décédée en 2000, avait cédé L'Évangile plusieurs années auparavant au baron Éric de Rothschild. Qui se souvient encore de Pierre Coste ? Sa disparition en 2009 est passée presque inaperçue comme celle d'ailleurs d'Émile Peynaud. Ce dernier, qui est le concepteur du bordeaux tel qu'on le boit aujourd'hui, reste le grand homme de l'œnologie moderne. Défendant par-dessus tout le principe d'équilibre, on peut le qualifier de néoclassique. Il avait un esprit limpide, pénétrant, parfois malicieux. Je l'ai souvent accompagné dans ses tournées. « C'est un âne », disait-il sobrement d'un maître de chai particulièrement bouché : « Hélas, son vin est à son image, obtus : manque de finesse et de profondeur. »

J'abordais alors le vin avec une certaine naïveté dans ce moment unique qui précède la connaissance. Je le découvrais en même temps que mes lecteurs, les premiers essais constituant souvent les meilleures leçons. On trouvera certainement à redire quant à l'indulgence de mes portraits, une certaine complaisance aussi pour ce monde bordelais qui ne comptait pas alors que des enfants de chœur, loin s'en faut.

Dans ce *Voyage*, peu de réserves. Les paysages, les hommes sont tous recommandables et même exemplaires. J'accepte sans déplaisir ces reproches. Qu'on me taxe d'ingénuité ne m'offusque pas, bien au contraire. L'époque n'était sans doute pas ingénue, mais elle était plus simple, plus lisible, moins rouée qu'aujourd'hui. Elle se caractérisait surtout par un état mouvant, incertain. Ce champ des possibles avait un côté bon enfant.

J'ai écrit aussi ce texte à un moment de ma vie où je goûtais « le lait de la grande tendresse universelle ». Pendant ma captivité, propriétaires et viticulteurs, pour marquer leur solidarité, avaient apporté à la mairie de Bordeaux une bouteille de leur domaine afin de constituer une cave pour mon retour. Bel acte de foi dans un dénouement heureux — certains de mes compagnons ne sont jamais revenus. Les centaines de bouteilles me furent solennellement remises par Jacques Chaban-Delmas quelques mois après ma délivrance. Au moins, la date de mon enlèvement, 1985, n'avait pas été si mal choisie, la plupart de ces crus provenaient en effet de cet excellent millésime.

Ce monde des vivants avec lequel je venais de renouer m'apparaissait bienveillant, fraternel. Je n'ai pas changé de point de vue même si mon jugement peut apparaître à présent plus nuancé. Par principe, je suis plus enclin à voir dans l'homme l'ange que la bête.

J'étais enthousiaste. Mon zèle devait attendrir mes interlocuteurs, capables de perdre un après-midi dans des dégustations où l'on retraçait l'histoire complète du vin. Nous remontions le sens interdit du temps en goûtant tous les millésimes disponibles, les années moyennes ou franchement médiocres voisinant avec des bouteilles de légende telles que 1928, 1929, 1945, 1947, 1949. Une longue halte marquait le 1961 : « Le premier millésime moderne, le millésime Peynaud. »

Ces hommes, qui ne comptaient pas leur temps, étaient désintéressés. Ils avaient connu l'incertitude et la mévente. Ils n'en menaient pas large. Retranchés dans leur vignoble, chérissant leurs vignes, ils étaient sans illusions, humbles et endurants. Ils venaient de vivre la décennie 70, empoisonnée par des scandales et déconsidérée par des millésimes pour la plupart médiocres.

J'ai toujours eu un faible pour les sciences inexactes telles que la météorologie, l'économie, sans compter la plus irrationnelle, la science-fiction. Mais de tous ces savoirs improbables, la dégustation reste sans doute le plus fascinant parce qu'il est une herméneutique, c'est-à-dire un art tout d'interprétation. À l'époque, cet exercice n'en était qu'à ses balbutiements. Il reste toujours à mon sens empreint d'une certaine puérilité dans la mesure où, sous couvert d'une description exhaustive, chacun interprète en fonction de ses propres représentations et de ses préférences.

Goûter le vin reste néanmoins une excellente école du jugement personnel. Il est aussi un assez bon révélateur de l'individualité. Interpréter ne consiste pas seulement à identifier mais aussi à *s'identifier*. « Le vin est professeur de goût et, en nous formant à la pratique de l'attention particulière, il est le libérateur de l'esprit et l'illumination de l'intelligence[1] », a écrit Paul Claudel. La dégustation possède au moins cette vertu qu'elle démasque la nature profonde des êtres. L'arrogance, la rigueur, l'humilité, la poltronnerie, la sagacité, l'opportunisme, la ruse, la cuistrerie, une certaine forme de sagesse (la liste n'est pas exhaustive) s'y découvrent fugitivement. Il suffit d'observer et d'attendre l'instant de l'aveu.

J'ai beau me méfier de l'exercice, je garde de ces dégustations passées un souvenir émerveillé. J'y ai appris le caractère relatif de la connaissance, même s'il m'arrive de succomber parfois à la fatuité de celui qui identifie ou devine.

---

1. *Louanges du vin* de Paul Claudel, repris dans *Éloge du vin*, 1935.

Je me souviens de déjeuners à Léoville-Las Cases en compagnie de Michel Delon, l'homme le mieux informé et le plus méticuleux du Médoc — il faisait des fiches sur les millésimes que vous aviez dégustés chez lui : « Non, Jean-Paul, le 1961 ne sera pas une surprise pour vous. Nous vous l'avons servi il y a deux ans et demi. » Il aimait parfois piéger ses invités, partageant par exemple un magnum en deux carafes sans préciser qu'il s'agissait du même vin. Et il écoutait les convives discourir sur le contraste entre les deux las-cases — car on ne définit bien qu'en opposant. Lorsque, pour notre plus grande confusion, il révélait la vérité, il avait le tact d'en adoucir la cruauté : « En fait, vous avez raison, ces deux vins sont différents. Nous les avons goûtés à des moments distincts du repas, nos papilles n'étaient pas dans les mêmes dispositions. Et les mets qui les accompagnaient n'étaient évidemment pas identiques. » Ces circonstances atténuantes n'étaient pas tout à fait infondées. Comme l'a écrit un Bourguignon éminent, Pierre Poupon : « On ne boit jamais le même vin. De même que, pour reprendre l'affirmation d'Héraclite, "on ne se baigne jamais deux fois dans le même fleuve", jamais homme n'a bu deux fois le même vin[1]. »

---

1. *Le Vin des souvenirs. Propos d'un Bourguignon*, Éditions de l'Armançon, 1996.

La morale de cette histoire est que, pour un vin, il peut exister plusieurs interprétations qui doivent concourir à serrer au plus près sa vérité « objective ». Je mets à dessein des guillemets à cet adjectif tant il est vrai que cet idéal est difficile voire impossible à atteindre pour le dégustateur, qui, à son insu, reste soumis à l'influence d'un modèle original auquel il ne cesse de se référer[1]. « Il n'y a pas moyen de séparer l'observateur de l'expérience observée », insiste le physicien Ilya Prigogine. Il est très difficile de se déprendre de ses propres présupposés, qui sont souvent inconscients. Il faut se laisser porter par le goût du vin, essayer sans doute de le déchiffrer mais à la manière d'un jeu. La pratique doit être accessible à tous. Elle est aléatoire, il faut en accepter les limites[2]. Néanmoins, elle obéit à des règles qu'il importe de respecter. En tout cas, elle ne saurait être réservée aux initiés.

Un détail ne trompe pas. Tout système de classement où a été introduit le critère de dégustation est source de discordes et de contestations interminables comme en témoignent le long conflit

---

1. *La Dégustation, étude des représentations des objets chimiques dans le champ de la conscience*, par Frédéric Brochet (travail de doctorat, Faculté d'œnologie de Bordeaux).
2. Jean-Claude Berrouet, l'œnologue de Petrus, affirme qu'« une vingtaine de mots » suffisent pour commenter un vin. Préface au *Dictionnaire de la langue du vin* par Martine Courtier, CNRS Éditions, 2007.

qui a déchiré le monde des crus bourgeois et les empoignades qui agitent régulièrement Saint-Émilion, lequel a vu l'annulation du classement de 2006. Le château Beauséjour Bécot dont il est question dans le livre a été réhabilité depuis longtemps et a retrouvé sa place au sein des premiers grands crus classés. C'est aujourd'hui un vin au sommet de sa forme que la famille Bécot, qui a gardé son bon sens, propose toujours à des prix doux qui font le bonheur de l'amateur.

Le classement de 1855 est le plus malin de tous car il est une classification de l'expérience. Est-il le plus juste ? C'est une autre affaire. Aucune référence à la dégustation pas plus qu'à la géologie ou à la superficie de la propriété — c'est l'homme qui l'emporte sur le terroir.

Depuis la publication de ce texte, l'autorité de ce classement n'a cessé de croître. Son ascendant sur le mirifique marché chinois est tel qu'il a tendance à ostraciser les crus qui n'appartiennent pas à la rive gauche. Saint-Émilion n'est pas encore vraiment touché par cet engouement. Ce n'est pas l'envie qui manque à ses propriétaires. Eux aussi sont impatients d'exploiter le filon asiatique, de vendre encore plus cher. La crise de l'été 2011, les plans de rigueur et la récession risquent de bouleverser ces belles espérances.

Depuis le Second Empire les grands noms du capitalisme (Rothschild à Lafite et à Mouton,

Achille-Fould à Beychevelle, Pereire à Palmer) ont eu partie liée avec les grands crus classés. Élaborer un grand vin a toujours coûté cher, mais, depuis quelques années, la frénésie qui a gagné certains de ces domaines relève de l'obsession mesquine du dépassement qui se nomme la cupidité. Tycoons, prédateurs et autres moguls, zinzins et nouveaux riches qui ont investi le vignoble bordelais depuis une quinzaine d'années sont grandement responsables de ce changement de mentalité. Quelques héritiers se sont empressés de se mettre dans le sillage, heureux de profiter de l'aubaine. Dieu merci, la plupart n'ont pas oublié les mises en garde de la génération précédente.

Pour cette minorité avide, les cours du vin doivent correspondre à la hausse maximum, le client doit cracher (il n'y a pas d'autre mot). Le juste prix, compromis entre les exigences du producteur et les possibilités de l'amateur, provoque chez eux une franche hilarité. Pourquoi se priver quand on est en position de force ? Dans leur cerveau, ils ont logé ces certitudes : nos crus classés sont des produits de luxe (des produits financiers aussi), leur surface n'est pas extensible (elle l'est un peu tout de même, en plus c'est permis), la demande est supérieure à l'offre (pour l'instant), le rapport de force sera toujours en notre faveur (il a déjà commencé à changer avec la crise de la dette : l'austérité va se traduire par une austérité des comportements qui ne manquera pas de rejaillir aussi sur le luxe et le marché chinois). Mais il est vrai qu'une poignée de crus historiques tirera toujours son épingle du jeu.

Une figure fort estimable de l'appellation Pessac-Léognan à qui je déclarais lors du dernier Vinexpo n'avoir plus les moyens de m'offrir une bouteille de son cru classé — ne parlons pas d'une caisse — m'a répondu suavement : « Tu n'as qu'à boire notre second vin. » Je lui ai rétorqué que je n'avais nulle envie d'un succédané mais de son premier vin. Je ne lui ai pas dit qu'au regard de la qualité le second était presque plus dispendieux. « Alors, casse ta tirelire. » De son point de vue, rien à lui reprocher. Ce propriétaire — qui est un ami — avait raison. Sauf que des amateurs passionnés comme moi peuvent consentir à bien des sacrifices pour manifester leur dévotion à ces grands bordeaux, mais jusqu'à un certain point. Un excellent bourgeois se vend quatre fois moins cher. Le plaisir que peut procurer ce cru classé n'est pas quatre fois plus intense et il n'est du reste pas quantifiable.

Cette fois, un seuil a été franchi. L'écart est tel qu'il ne saurait justifier des prix aussi prohibitifs même si ce propriétaire peut invoquer la loi de l'offre et de la demande. Certes un cru classé est une marchandise, mais il ne détient pas qu'une valeur commerciale. C'est aussi une création originale dans la mesure où elle est doublement culturelle, issue d'une terre en même temps que d'une civilisation. « Attention, produit atypique et inclassable, à ne pas mettre entre toutes les mains. » C'est une mise en garde qu'on pourrait afficher sur des panneaux au milieu du vignoble.

Bordeaux, à travers ces nouveaux venus, ne s'est toujours pas guéri de cette « grave crise d'amnésie culturelle » que signalait Jean Dethier, il y a vingt ans, lors de l'exposition *Château Bordeaux* au Centre Pompidou[1]. Ce phénomène s'est-il ralenti avec l'apparition de nouveaux chais que ce dernier appelait de ses vœux ? Ces cathédrales du vin font certainement ressortir la modernité des grands crus classés et leur ancrage dans le XXIe siècle. Mais ces *showrooms* ont pour but aussi de souligner l'ego de l'architecte et du propriétaire.

À cause de cette vision purement comptable et financière, une fidélité est en train de se perdre auprès des amoureux du vin de Bordeaux. Perte de confiance qui constitue une cassure. Il n'est jamais sain que la flamme cesse d'être entretenue par les amateurs du pays producteur. Quand une habitude, un goût, une pratique se perdent, difficile de les reconquérir. Le négoce

---

1. *Château Bordeaux, op. cit.*

champenois, soucieux de sa clientèle française qui le sécurise, sait d'expérience combien sont volatiles et capricieuses les ventes à l'étranger.

En apparence, tout va pour le mieux. Le vin de Bordeaux sert actuellement de prototype. Un Centre culturel et touristique du vin, absolument inédit et dont l'ambition est internationale, va voir le jour bientôt à Bordeaux. L'Institut d'œnologie a imposé un modèle que tous les vins du monde désirent copier, mais l'expérience apprend que les préférences en matière de goût ne sont ni absolues ni éternelles. La mode passe. Sous la Renaissance, le vignoble d'Orléans, aujourd'hui pratiquement éteint, était au moins comparable en notoriété et en opulence au vignoble bordelais. Au XVIIIe siècle, le vin de l'élite recherché par toutes les cours européennes et particulièrement en honneur chez les tsars était le cahors. « Tout passe, tout s'élève, tout s'avilit, tout se détruit, tout devient chaos », a écrit Saint-Simon, qui se plaisait à méditer sur l'instabilité du succès et la précarité des empires. Comme toutes les entreprises humaines, les vignobles peuvent mourir de leur excès.

Cette postface en forme de bilan (provisoire) n'est pas celle d'un amoureux déçu, comme on pourrait le croire. Heureusement, le vin de Bordeaux ne se limite pas aux grands crus classés. Mais ces derniers sont pour une large part responsables de l'image désastreuse qu'offre

Bordeaux à l'extérieur. C'est injuste si l'on considère qu'une centaine d'étiquettes stars, tenant le haut du pavé, représentent au maximum quatre mille hectares sur un total de cent quinze mille. Mon amour pour le bordeaux ne saurait donc être interprété comme une déception car ce vignoble se caractérise par une diversité qui n'a pas d'égale.

Des vins pour tous les goûts et toutes les bourses, tel est l'esprit qui animait ce *Voyage à Bordeaux*. Mon souci était de privilégier aussi des appellations moins réputées et tout aussi valeureuses comme les vins de côtes. Les bonnes affaires sont encore plus nombreuses aujourd'hui et les vins n'ont cessé de gagner en qualité depuis la rédaction de cet ouvrage. La nostalgie d'un monde ancien et meilleur ne saurait donc être de mise. Le niveau des vins élaborés à présent est remarquable même si on peut critiquer une certaine standardisation de l'éventail gustatif (forte extraction dissimulée par un haut niveau d'alcool, obsession de la souplesse, rejet de l'acidité).

Aucune région viticole française ne possède une telle collection de terroirs et de domaines aussi différents et une variation de prix aussi énorme. Bordeaux reste la terre de la grande promesse, à condition de s'écarter des sentiers battus. De plus en plus, des vins inconnus et exquis terrassent des crus réputés dans des dégustations à l'aveugle. Mais il existe un envers du décor. Ce sont, par exemple, ces propriétés de l'Entre-deux-Mers au bord de la faillite alors que cette région renferme des gisements de crus injustement oubliés. La réalité du bordeaux n'est pas constituée par les vins inabordables mais par un quart de la viticulture qui ne gagne pas d'argent.

*

Vingt-deux années se sont écoulées depuis ce *Voyage*. Vingt-deux ans, exactement l'âge que j'avais lorsque j'ai découvert Bordeaux pour la première fois. Mon stage d'été, j'avais choisi de l'effectuer au journal *Sud-Ouest*. C'était en 1966, un millésime qui passait déjà à l'époque pour être surcoté. Les plus sages — ou les plus cyniques — se rassureront en se disant que rien n'a changé : les hommes sont ce qu'ils sont et Bordeaux sera toujours Bordeaux. Ils ne manqueraient pas d'ajouter : les hommes passent, les terroirs demeurent. Il n'y a plus de millésimes médiocres, nos vins n'ont jamais été aussi bons, etc. On connaît la chanson. Usée mais si réconfortante !

Est-il certain d'ailleurs que les terroirs demeurent ? Reprenant la fameuse formule d'Olivier de Serres : « Si n'êtes en lieu pour vendre votre vin, que feriez-vous d'un grand vignoble ? »

(1601), le grand spécialiste de la géographie viticole, Roger Dion, a démontré, il y a bien longtemps, que le terroir était un fait social et non géologique, une construction historique dépendant avant tout du marché : « Il n'y a pas moins d'excès à définir les crus bordelais comme une conséquence de la présence de la terre de graves qu'il n'y en aurait à représenter l'art ogival comme un don du calcaire lutétien[1]. »

« Le vin de Bordeaux est initiatique et salvateur de toute médiocrité », a écrit naguère Bernard Ginestet dans une de ces formules toujours pertinentes dont il était peu avare. Il me semble que c'est le plus beau compliment que l'on puisse faire à ce vignoble. Initiatique, oui, assurément, comme l'introduction à une connaissance parfois difficile, mais qui finit toujours par se dévoiler pour la plus grande satisfaction de nos papilles. Un refus de l'évidence et de la facilité aussi, qui n'est nullement le résultat d'une alchimie intellectuelle (d'ailleurs ce n'est pas un défaut). Notre ami y voyait un moyen d'accéder à une délectation différente des autres, vive et durable, opposée en tout cas à la platitude. Cette distinction proposée comme but à atteindre, Bernard Ginestet l'appliquait à tous et l'apercevait chez les vins les plus huppés comme chez les plus

---

1. *Le Paysage et la vigne*, Payot, 1990.

humbles. À égalité, la variante n'étant qu'une affaire de moyens.

Puisse cet idéal demeurer encore longtemps chez ce vin que nous chérissons et que nous portons toujours très haut malgré certains errements.

Les Tilleuls, septembre 2011.

VOYAGE EN CHAMPAGNE
1990

suivi d'une suite au Voyage en Champagne
et d'une postface de l'auteur, Le Grand Jeu

LE PARADOXE
DU CHAMPAGNE

Ce livre est l'histoire d'une infidélité. Loin d'en éprouver du remords, j'ai pris plaisir à délaisser quelque temps le vin de Bordeaux. Pourtant celui-ci n'a cessé de me poursuivre pendant ces mois passés en Champagne. J'ai eu l'occasion de goûter parmi les plus beaux millésimes du Médoc et même parfois des années éblouissantes, comme ce 1959 de Gruaud-Larose dégusté chez Laurent-Perrier ou cet extraordinaire 1928 de Cos d'Estournel servi chez Moët et Chandon.

Je me suis vite aperçu que le bordeaux était une habitude champenoise. « Il n'y a qu'un seul endroit au monde pour conserver le bordeaux, ce sont nos caves de Champagne », assure Christian Bizot, chef de la maison Bollinger.

Plus que d'autres vins, le champagne est le fruit d'un miracle. Il a vaincu magistralement les difficultés pour les transformer en avantages. On cite souvent comme un handicap la situation géographique du vignoble champenois, situé au nord-est de Paris dans une contrée humide et froide. Mais, au début du siècle encore, la vigne prospérait partout en France, il existait même un vignoble dans la banlieue de Lille.

Le miracle du vin de Champagne repose sur une dérogation constante aux lois de la nature. Que l'on songe par exemple que la température moyenne en Champagne est de 10 degrés. À un degré près, le raisin ne peut plus mûrir. C'est donc d'extrême justesse que le champagne existe. Au-dessous de 9 degrés, on ne ferait que de la piquette. Menacé par les gels de printemps, la grêle et l'humidité en période de floraison de la vigne (juin), le vignoble champenois produit naturellement des raisins peu chargés en sucre. Il n'est pas rare que le degré alcoolique obtenu après la fermentation soit inférieur à 8 degrés. Après chaptalisation et adjonction de liqueur, on arrive à une moyenne de 12 degrés. Aucun vin ne supporterait un apport aussi important. Le beaujolais y a perdu un peu de son âme, pas le champagne.

L'historien Jean-Pierre Devroey[1] rappelle que le manque de maturité des raisins était déjà très prisé au Moyen Âge : « Rien n'offusque plus le palais médiéval qu'un vin gras, à une époque où la cuisine privilégie les saveurs

---

1. Voir la bibliographie, p. 300.

aigrelettes et même acides, à grand foison de vinaigre et de verjus. » Le champagne appartient à cette famille. Tout se liguait jadis pour empêcher de faire un vin acceptable en Champagne. Devroey rappelle cette chose à peine croyable : en l'année 1692, il gela le 22 juillet et neigea le 9 octobre ; on dut vendanger à la mi-novembre.

Ceux qui élaborent aujourd'hui le champagne ne répugnent pas à vinifier des raisins pas tout à fait mûrs. Ils ne sont pas pour autant verts, mais les raisins manquant de maturité ont plus d'aptitude à la mousse. Le climat brûlant de 1989 a produit en Champagne d'opulents raisins qui laissent perplexes les chefs de cave. Ils s'accordent à dire que la concentration excessive en sucre n'est pas dans la nature du champagne, elle constituerait même une gêne si des millésimes aussi atypiques devaient se multiplier. Le réchauffement de la planète n'est pas un bien pour le vignoble le plus septentrional de France. À l'inverse des autres vins, le champagne hait tout ce qui a de la consistance ou de la matière. Le charnu n'est pas recherché mais plutôt le vif, le frais apporté par l'acidité, laquelle doit beaucoup à un raisin inachevé et à la nature du sous-sol, la craie à bélemnites (la bélemnite est un fossile du Secondaire en forme de flèche). En Champagne on n'a que ce mot à la bouche : « craie à bélemnites », formule magique, presque incantatoire, dont le caractère scientifique semble tout expliquer.

Cependant, autre paradoxe, le sous-sol n'explique rien en Champagne. Reconstituée par des apports considérables de compost et d'éléments fertilisants, la culture de la vigne est devenue, selon le mot du géologue Achille Müntz, « une véritable culture maraîchère ». Ce qui signifie que le sol originel a pratiquement disparu. De ce point de vue, la Champagne constitue une anomalie de plus puisque les vignobles de qualité ne prospèrent que dans les terres très pauvres. « On croit communément que les vins de Champagne doivent leur finesse et leur bouquet si délicats à l'aridité du sol ; il faut faire justice à cette légende, affirme Müntz. Il n'est pas de vigne et même de plante de grande culture qui vive au sein d'une pareille abondance. »

« Quand j'ai pris en main les destinées de notre maison en 1979, la terre était si pauvre, le vignoble si mal entretenu qu'il fallait à tout prix le reconstituer », raconte Jean-Claude Rouzaud, chef de Roederer. En hiver, le sol du vignoble champenois se pare d'un beau bleu dont les nuances se mêlent à la blancheur de la craie. De plus près, on s'aperçoit que ce bleu provient de sacs-poubelle broyés déposés avec le produit des décharges. Dans ce vignoble, les racines de la vigne, arrêtées par les blocs de craie, plongent le plus souvent à la surface, dans la terre arable.

Autre singularité : les rendements. Il n'y a pas de récoltes moyennes en Champagne. Les caprices du climat septentrional font que l'on passe sans transition de la disette à la pléthore. Les différences de volume vont de un à quatre. Mais étonnamment l'abondance est loin de nuire à la qualité du champagne. Tout amateur sait bien pourtant que qualité et quantité sont des principes antinomiques, s'agissant d'un grand vin. Jean-Claude Rouzaud, qui ne pratique guère la langue de bois, a coutume de dire qu'il a commis naguère une erreur : « Je croyais que le champagne ne pouvait constituer une dérogation à ce qu'on m'avait enseigné. Eh bien, j'ai dû constater que c'était l'exception qui confirme la règle. En Champagne, on peut se permettre de faire du volume. C'est peut-être scandaleux, immoral. Mais c'est ainsi. Les plus beaux millésimes, 1970, 1979, 1982 et 1983, sont des années de gros rendements. En 1978 et 1980, où la quantité était médiocre, la qualité n'est pas extraordinaire. Il reste que la quantité de jus que l'on obtient en Champagne par un léger pressurage est beaucoup moins importante qu'ailleurs. »

Si ce vin a du génie, il le doit beaucoup à l'homme qui s'est servi habilement des possibilités offertes par la nature. Il a creusé la fameuse craie pour disposer de caves qui confèrent fraîcheur et stabilité indispensables à la prise de mousse, craie si facile à creuser qu'elle ne nécessite même pas d'étais, craie du sous-sol qui accumule aussi bien la chaleur et l'humidité et rend l'une ou l'autre à volonté selon la fraîcheur ou la sécheresse de l'été.

Les grands vins sont presque toujours des cas limites, insistait le grand œnologue bordelais Émile Peynaud. Un léger cran au-dessus et c'est la catastrophe. Les vignobles de qualité doivent frôler l'abîme, se jouer des périls qui les menacent pour être uniques. Le génie est l'écart de la norme. Le vignoble bordelais, qui croît dans un climat océanique où les redoutables pluies d'automne menacent la vendange, prospère dans une ambiance périlleuse et transgresse souvent les limites permises. La vraie richesse de la Champagne naît paradoxalement d'une double indigence : pauvreté d'un sous-sol, frilosité d'un climat.

Autre miracle : avant la prise de mousse, le champagne est un vin bien ingrat. Il est pointu, sévère, agressif. Il faut avoir goûté divers échantillons de vins tranquilles pour s'apercevoir que l'effervescence métamorphose ce vin blanc apparemment sans grâce. Je dis bien « apparemment » car c'est à partir de ces vins de cépages et de terroirs dissemblables que le miracle se produit par la vertu de l'effervescence et de l'assemblage.

Les premiers à faire sauter le bouchon furent les Anglais. Obligation leur étant faite d'importer le vin de Champagne en tonneaux, ils le mettaient en bouteilles sur place et ne tardèrent pas à constater qu'il devenait effervescent. L'apparition en 1662 de flacons au verre épais permettant de résister à la pression du vin lança vite la mode du *sparkling champagne* en Angleterre, mais il était absolument interdit aux Champenois de loger leur vin dans des bouteilles. François Bonal, l'historien du vin effervescent, affirme que le champagne tel qu'on le consomme aujourd'hui est apparu en France aux environs de 1695. Il faudra attendre 1728 pour que le roi autorise l'embouteillage sur place et l'exportation. C'est l'acte de naissance officiel du champagne. Le plus extraordinaire dans cette histoire est que cette maudite mousse naturelle n'était plus suffisante : les hommes ont dû rendre exagéré ce qui était irrégulier ou modéré. On doit en 1837 à M. François, ancien pharmacien à Châlons-sur-Marne, la solution que tous attendaient : un procédé permettant de mesurer le taux de sucre dans la deuxième fermentation afin d'obtenir une prise de mousse parfaite.

Quant à l'assemblage, c'est l'intelligence du champagne. Assembler, c'est dominer et modifier la nature, laquelle fournit des crus disparates et souvent inégaux, qu'il convient de fondre harmonieusement au sein d'une cuvée. L'art du chef de cave, maître de l'assemblage, consiste dans son aptitude à corriger sa conduite en fonction d'une matière première souvent changeante pour parvenir au « goût maison ». Il faut du jugement, de la mémoire, de l'intuition et de la clairvoyance.

L'un des chefs de cave les plus exceptionnels est certainement M. Riou, qui exerçait ses talents chez Roederer où il était entré en 1936. D'apparence modeste, presque frêle, il est à la retraite depuis 1983 mais on fait encore appel à lui pour les assemblages. Ce qui frappe chez lui, c'est sa capacité de concentration, un recueillement intérieur qui fait dire à Jean-Claude Rouzaud que « M. Riou est une sorte de génie ». Dégustateur hors pair, il déjoue n'importe quel piège : mélange de cuvées, de marques. Il identifie même l'origine des bouchons. Il suffit que l'on bouche quatre bouteilles contenant le même vin avec quatre bouchons différents pour que, six mois plus tard, il retrouve à l'aveugle le nom des quatre fournisseurs. Chez M. Riou, la dégustation professionnelle a tout éclipsé, même la délectation de savourer. À la maison, il ne songe guère à ouvrir une bouteille pour le plaisir. « Je suis aussitôt repris par le métier ; il me faut identifier ou comparer. Le goûteur a tué chez moi l'amateur de vins. »

Parfois, un cru jure dans l'ensemble mais lequel ? Il faut alors tout reprendre depuis le début. Henri et Rémi Krug racontent qu'ils procèdent comme dans une enquête policière. Ils remontent la filière. Elle consiste à refaire les mêmes gestes, à procéder à la totalité des pré-assemblages, à recommencer les dégustations de contrôle.

Plus que les autres vins, le champagne réclame de la perspicacité, du travail et des soins constants. « Si le champagne demande moins de soleil, il exige plus de sueur de la part des hommes », note justement Devroey. Voilà pourquoi il est cher. Il est le produit d'une situation naturelle ingrate que l'intelligence de l'homme a transformée en atout. Le champagne est un art de l'interprétation et de la compréhension. Il importe de donner un sens ultime à tous ces crus de provenances différentes et cette conduite doit être réévaluée sans cesse. Cette intelligence est fondée sur le discernement (discerner, c'est savoir séparer afin de choisir) et l'observation, qui étaient les qualités maîtresses de dom Pérignon. Ce n'est pas lui l'inventeur du champagne, il a seulement mis au point la technique des assemblages, ce qui est déjà considérable. Il a été le premier à différencier, à isoler, à identifier la nature profonde de ces terroirs — la définition même du discernement. Ces crus assemblés n'étaient probablement que des vins tranquilles qui se prenaient parfois à mousser... À l'origine, cette effervescence, appelée « le *pétars* de Châlons », était peu appréciée.

Qui a inventé le champagne ? Toute une lignée d'hommes obscurs, le hasard, la géographie, l'intelligence. Comme l'a dit un jour un Britannique : « Le champagne s'est inventé lui-même. »

L'AU-DELÀ DU CHAMPAGNE

« N'est-il pas temps de dépasser ces clichés sur le champagne, symbole de la fête, de la légèreté ? » Rémi Krug, représentant d'une des maisons les plus fameuses de Champagne, n'appelle pas à l'aide. Il n'en a nul besoin : Krug est le plus recherché et le plus cher des champagnes. Cependant il estime que « le vin de Champagne mérite mieux ». Il n'est pas le seul à penser ainsi. « Le champagne souffre d'un malentendu », affirme Yves Bénard, le chef de Moët et Chandon. Selon lui, le champagne est trop lié à la frivolité.

Les Champenois ont créé l'une des plus belles images de rêve mais ce ne sont pas des rêveurs. Pas des ingrats non plus ou des figures de carême : ils savent bien que ce symbole de la fête et du plaisir a fait la prospérité de leurs maisons. Ils ne rejettent pas cette image du luxe qui induit aussi l'idée de la rareté, ils y tiennent même plus que jamais. Ils regrettent seulement que le champagne se soit banalisé à force d'avoir trop symbolisé la fête.

Qui n'a pas entrevu ces pancartes du champagne de De Venoge placardées sur les murs de villages reculés de France ? Un bouchon de champagne coiffé d'un haut-de-forme sous lequel est vissé un monocle figure le fêtard de la Belle Époque. « Quand j'aperçois cette affiche, j'ai honte », déclare Thierry Mantoux. Le jeune P-DG du champagne De Venoge, nommé en 1986, a entrepris de dépoussiérer la vieille maison de l'avenue de Champagne. Cependant il reconnaît que ce noceur en habit, s'il a matérialisé le prestige de De Venoge, fondé en 1837, a fait aussi son temps. « Il faut inventer autre chose en restant bien entendu fidèle à cette image de produit de haut de gamme. »

La fonction première d'une bouteille de champagne ne consiste pas à boire son contenu mais à faire sauter le bouchon. C'est un vin qui se contemple (les bulles ont un pouvoir envoûtant), ensuite il se déguste. Beaucoup de Champenois reconnaissent, pour le déplorer, que « 90 p. 100 des gens qui ouvrent une bouteille se soucient peu de la qualité ». On assigne au champagne le rôle d'accompagnateur, il marque les grands événements et les changements d'une vie (baptême, mariage, anniversaire, inauguration, réussite à un examen). Le champagne emporte avec lui l'idée de bonheur et de joie, d'élégance, de folie.

Il marque le rite de passage, un changement de direction, une phase nouvelle.

Aucun vin, aucune boisson n'est en mesure de souligner ce basculement. Aussi est-il bu n'importe comment. Que de bouteilles achetées en grande surface ont-elles le « goût de lumière » ! Que de champagnes exterminés pour avoir séjourné trop longtemps dans le seau à glace ou, à l'inverse, attiédis par pure négligence (« Il y a trois choses dans la vie insupportables : le café brûlant, le champagne tiède et les femmes froides », déclarait Orson Welles) ! Que de bulles anéanties par des verres passés aux lessives industrielles composées d'additifs anti-mousse ! Ne parlons pas des coupes à champagne de nos parents. Leur absence de profondeur aplatit le goût et éteint l'effervescence. Tout est réuni pour saboter ce miracle.

La réussite et l'usage du champagne reposent sur nombre de malentendus. Le plus profond se fonde sur sa nature même : toutes les études de marché attestent en effet que le champagne n'est pas considéré par le public comme un vin. Qu'est-ce alors ? Un mot. Un mot magique qui situe le champagne autre part, dans un ailleurs mythique et indéterminé. Il ne s'accorde à rien, à aucun autre vin, fût-il prestigieux. C'est une marque, un label à lui seul. Cette distinction (aux deux sens du mot) le place au-dessus de tous.

La première maison à entreprendre une campagne de publicité fut Taittinger, qui demanda en 1962 à Publicis de travailler sur l'image du champagne. Les résultats surprirent tout le monde. À la différence du cognac, assimilé à un milieu très marqué (professions libérales de province), les Français de toutes les conditions se reconnaissaient dans le champagne. La vraie boisson totem, ce n'est pas le rouge comme l'assurait Roland Barthes, mais ce vin blanc pétillant, représentation incontestable pour tout un peuple. Fort de ces conclusions très encourageantes, Claude Taittinger se précipita chez Robert-Jean de Voguë, P-DG de Moët et figure légendaire de la Champagne.

— La France nous attend. Il faut que nous lancions une grande campagne de publicité.

— Il n'en est pas question, répondit Robert de Voguë.

— Eh bien, je vais y aller tout seul !

— Si tu fais cela, c'est bien simple, je te vire du syndicat des grandes marques.

— J'en accepte les conséquences !

— Mais tu n'as rien compris, Claude. Le champagne est un produit pour les aristocrates qui aiment le vin !

— Erreur ! Maintenant, il faut parler de tout cela au passé.

Évidemment, Claude Taittinger passa outre et ne fut pas, comme on s'en doute, écarté du

« grand syndicat ». Aujourd'hui Moët et Chandon ne fait pas de publicité mais passe pour disposer de la meilleure force de frappe en matière de communication. Six mille invités sont reçus chaque année avenue de Champagne, à Épernay.

L'homme de la communication chez Pommery, Patrick Bertrand, affirme : « Le champagne, c'est l'anti-célébration. Aujourd'hui on suscite l'événement en ouvrant le champagne. La fête se crée d'elle-même. Plus besoin de circonstances exceptionnelles. » Pommery est à l'origine d'une campagne de publicité très sophistiquée, illustrée par le regard des plus grands photographes contemporains. Une phrase, toujours la même, commente chaque photo : « L'élégance du champagne, c'est d'atteindre la simplicité. »

Voilà ce qui s'appelle une dénégation freudienne : refouler une idée dont on sait bien qu'elle correspond à la réalité. Le champagne justement est tout sauf simple. La simplicité s'obtient avec peu de moyens. Le champagne exige exactement le contraire : beaucoup de moyens. Sa pureté et son élégance sont le fruit d'un travail long et ingrat. Paraphrasant Jean-Jacques Rousseau, Raymond Dumay a écrit : « Tous les vins naissent égaux en médiocrité et seul l'argent les fait grands. » Les opérations que nécessite le champagne sont plus nombreuses que pour n'importe quel autre vin. Ces séquences très sophistiquées qui permettent d'atteindre la simplicité sont coûteuses.

L'art d'une maison comme Pommery est de jouer avec beaucoup d'intelligence sur le malentendu qui rend le champagne si séduisant. Nombre de réussites éclatantes reposent sur des méprises. C'est pourquoi le champagne, en dépit et à cause de son passé, exerce aujourd'hui une telle séduction. Sans doute parce qu'il traduit parfaitement la sensibilité de notre époque. Il exprime à la fois l'éphémère et la durée, la tradition et la réussite, l'élitisme à la portée de tous, notions postmodernes. Nos *yuppies* l'ont aussitôt adopté : il est le vin de l'ambiguïté et du désenchantement joyeux. Sa nature hybride séduit : ce n'est pas du vin puisqu'il fait des bulles. Il plaît mais il n'est pas véritablement pris au sérieux. Une image de futilité est attachée à sa réputation. Du champagne ! s'exclame-t-on parfois pour signifier que ce n'est pas important. « Les Français et leur léger sang de champagne », écrivait déjà Heine. Dans un de ses livres, Aldous Huxley parle d'un amour fugitif en disant que « c'est une passion au champagne ». Et il ajoute : « Mais en réalité il n'en est rien. Il n'y a nulle passion — rien que du champagne. » Ce n'est pas donné à beaucoup de choses ici-bas de représenter aussi positivement l'absence de sérieux.

Il apaise, décrispe, dédramatise. Que fait

le président Giscard d'Estaing après un discours éprouvant ? Il se fait apporter du champagne. Il raconte dans ses *Mémoires* combien il se sent « détendu » avec ce « goût pierreux dans la bouche » (peut-être a-t-il voulu dire incisif ou minéral. Ou peut-être qu'il a une saveur de pierre à fusil). Dans ses *Cahiers*, Maurice Barrès évoque ces mots d'une femme sollicitée par un homme : « J'aime mon mari et puis je vous préviens que je suis très froide. Qu'il y ait beaucoup de champagne, sans cela je ne pourrai jamais. » Toutes les femmes savent cela. Les hommes aussi, bien sûr.

La « tradition du nouveau » est une habitude champenoise. Les maisons de champagne ont su recycler avec talent les formes passées en ressuscitant par exemple le dessin des bouteilles anciennes et les étiquettes sur or du XIXe siècle. Notre époque postmoderne adore le déjà-vu, le passé recomposé, la tradition *new fashion* qu'elle assimile au luxe. Ce qui était culte et réservé à l'élite est désormais à la portée de tous. « Des amateurs de Veuve Clicquot formeraient une société secrète », affirme une publicité qui sous-entend évidemment que cette franc-maçonnerie est non seulement ouverte à tous mais qu'il importe d'en être membre sous peine de déroger (encore la dénégation !).

Boire du champagne constitue une rupture. C'est le vin de la déconstruction. Il correspond bien à ce que le philosophe Jean-François Lyotard définit comme la « recherche des instabilités ». Est-ce pour cela que le champagne se déguste volontiers debout ? Verre à la main, l'amateur passe d'un groupe à l'autre, à la recherche de l'instant. Le champagne traduit à la fois l'euphorie du groupe et l'individualisation, le culte de la libération personnelle et le désir de comédie. « La complexité du champagne est à l'image de notre propre complexité », aime à dire Rémi Krug. Le vin effervescent présente tant de sens et de contenus qu'il est devenu la représentation du don. Offrir à autrui une bouteille de champagne est une marque de considération. André Enders, dirigeant du CIVC, juge que c'est « la boisson sacrificielle des temps modernes ».

Dans *La Panthère rose*, David Niven propose à Claudia Cardinale une coupe de champagne. « Je vous ai dit, répond-elle, que je ne bois pas d'alcool. — Le champagne n'est pas de l'alcool, rétorque le séducteur, c'est un vin spirituel éminemment favorable au développement de l'amitié. » Bien sûr, David Niven pense à autre chose qu'à l'« amitié ». Mais arrêtons-nous plutôt au début de son propos. En réalité, le champagne contient la même proportion d'alcool que les autres vins. Treize degrés est la limite permise. Mais un bon champagne doit titrer entre 12 degrés et 12,5. Il est possible que David Niven soit de bonne foi quand il avance que le champagne ne fait pas partie des boissons alcoolisées.

Sans doute l'effervescence qui rend sensible l'allégement et la légèreté fausse-t-elle son jugement. Les bulles, c'est encore toute l'ambiguïté du champagne. Sans bulles il n'y aurait pas de champagne, mais les bulles mobilisent trop l'attention et empêchent de saisir la nature invisible et profonde de ce vin. Dans son *Dictionnaire des idées reçues*, Flaubert donne la définition suivante du champagne : « Faire semblant de le détester en disant que "ce n'est pas un vin" » (il ajoute que « c'est par le champagne que les idées françaises se sont répandues en Europe »). Le champagne extériorise aussi une forme de fatuité « bien de chez nous » : « Après de la bière, on écrirait un traité sur Hegel ; après du champagne, on monterait à l'assaut », assurent les frères Goncourt.

Les meilleures maisons de champagne parlent assez peu de l'effervescence. Bien sûr, elles savent toute l'importance qu'il faut accorder à la prise de mousse. Cette opération doit s'effectuer lentement dans la fraîcheur des caves afin de produire des bulles fines et régulières. L'un de mes hôtes m'a dit un jour : « Les autres font des bulles. Nous, monsieur, nous faisons du vin de Champagne. »

Fabriquer uniquement des bulles est le comble de la vulgarité. Rien de plus commun que cette mousse qui bouillonne grossièrement dans le verre pour s'arrêter net l'instant d'après. Ces bulles furieuses qui s'épuisent de s'être envolées trop vite et sans grâce, on les appelle en Champagne des *yeux de crapaud*. M. Bohne, qui fut à l'étranger le meilleur agent de Mme Clicquot, affirme dans une de ses lettres : « J'aime les grands yeux partout excepté dans le vin de Champagne. » Les gens du métier disent aussi que « le champagne s'est fait dans un four ». Une effervescence fine et régulière ne peut s'obtenir que dans une cave bien fraîche.

Cependant ne méprisons pas ces délicates colonnes de bulles qui s'élèvent verticalement dans la flûte en produisant ce frémissement qui ressemble à un léger soupir. Le poète Max Jacob avait remarqué que la mousse de champagne faisait dans le verre le même bruit que la mer sur le sable.

L'être humain a toujours été fasciné par ce qui s'élève : les flammes d'un feu, un ballon Montgolfier, la fusée d'un feu d'artifice. Cette donnée dynamique du champagne qui suit la direction opposée de la pesanteur est du domaine du miracle. La fête de l'ascension. Voler est un vieux rêve de l'homme et l'on sait que le champagne donne des ailes aux plus timides. Ce qui s'envole est par nature léger, mobile. La force gracieuse de la bulle qui se dresse avec délicatesse appartient à notre imagination aérienne. Dans le fameux dîner de *La Peau de chagrin*, Balzac parle des « piquantes flèches du champagne ».

Le bourgogne est un vin terrien, sanguin, compact, il plonge sa substance au cœur de notre pays. Le bordeaux appartient à l'élément liquide. C'est à l'eau, à la Gironde qu'il doit sa réputation. La vigne n'aime pas avoir les pieds dans l'eau mais il faut qu'elle « regarde la rivière », comme on dit dans le Médoc. L'estuaire et l'onde ont fait la richesse du bordeaux. Ils lui ont permis d'atteindre les ports anglais et les villes hanséatiques. Le sauternes est à part. Il est sous le signe du feu. La « pourriture noble » est une dessiccation provoquée en grande partie par le soleil.

Le champagne, lui, est fils de l'air. L'air est le principe qui s'oppose à la terre. Entre le bourgogne et le champagne, vignobles voisins et issus de mêmes cépages, il n'existe même pas d'antinomie, ils s'ignorent. C'est du reste la difficulté du vignoble de l'Aube, proche de Chablis, à se faire admettre en tant que champenois, il est tiraillé entre la « terre bourguignonne » et l'« air champenois ».

Cette impulsion vers le haut que souligne la bulle lie le champagne à l'image du froid, des hauteurs, de la pureté. Il faut que le champagne soit dans le seau emmailloté de glaçons, pétrifié dans le froid mais non « frappé ».

Pourquoi le philosophe Gaston Bachelard, natif de Bar-sur-Aube où l'on produit du champagne, n'évoque-t-il pas la bulle pour sa démonstration dans son ouvrage *L'Air et les Songes* ? Rien n'est plus proche de la bulle que l'air. Or « l'air n'apporte rien. Il ne donne rien. Il est l'immense gloire d'un Rien ». Une fois crevée la bulle à la surface, il ne reste plus rien. En expirant, elle a disparu. Mais voici qu'elle réapparaît, se renouvelle en rendant l'âme dans le même mouvement. La bulle : ce qui n'est pas encore, ou n'existe plus. C'est aussi la définition du néant. Quand on veut évoquer la vacuité, une forme d'indigence, on dit : ce ne sont que des bulles...

Ce Rien en attente d'une plénitude possède un pouvoir remarquable. Il donne toute sa force chimérique au champagne, vin de l'illusion. L'illusion est une chose merveilleuse, elle consiste à confier à un mot magique, *champagne*, un instant exceptionnel. « Symbole du mouvement sans destin », la bulle de champagne dessine une légère fugacité, essayant d'allier esprit et action. Bachelard dirait que le « mouvement prime la substance ». Voici pourquoi le champagne représente aussi l'extravagance. Dans un des récits d'Edgar Poe, on voit un fou qui se prend pour du champagne. Un fou assez sensé puisqu'il est capable d'observer et de rationaliser le délire de la bulle pour se l'appliquer à lui-même.

Les bulles instables et éphémères soulignent la ferveur et l'instant avec cette vaine certitude que « tout est possible ». « Le champagne vous donne l'impression que c'est dimanche et que les jours meilleurs sont très proches », affirme Marlène Dietrich. Boire du champagne, c'est se libérer d'un poids. Cette tension libératrice ne saurait se comparer aux effets toniques du whisky, qui provoque un coup de fouet. Le whisky est le remontant des gens éreintés mais ce revigorant retombe vite, tandis que la légère impulsion du champagne, l'insinuante décontraction qu'il suscite vont en augmentant — à condition d'entretenir cette douce euphorie. Que voulait dire exactement Curnonsky lorsqu'il affirmait que le champagne a « plus d'imagination que de cœur » ? Que le bien-être qu'il procure est une illusion ? Déformer un instant le réel sans faire violence, mettre entre parenthèses le mal-être et la tristesse, telle est sa mission transitoire. L'enchantement ne fait que passer. S'adonner au champagne n'est pas considéré comme un vice. Maurice Chevalier fait cet aveu dans ses *Mémoires* : « Depuis que j'ai quitté la scène, je me suis laissé aller un peu du côté du champagne. C'est une habitude qui reprend vite. C'est si bon quand ça passe. » Coco Chanel ne s'adonnait au champagne qu'en deux occasions : « quand elle était amoureuse et quand elle ne l'était pas ».

Le champagne est « libérateur », à l'image de ce bouchon qui saute, déchargeant une énergie emprisonnée. On dit populairement « faire péter l'obus » pour ouvrir une bouteille de champagne.

Dans *Calligrammes*, le poète Guillaume Apollinaire pose d'ailleurs la question : « La bouteille champenoise est-elle ou non une artillerie ? » Il compare le bouchon à un obus qui s'abat sur les poilus, pareils à des ceps. La coutume du vainqueur ouvrant un magnum à un prix automobile ne vaut que par le jet libérateur. Jamais on ne verra le gagnant trinquer, ce n'est pas le but recherché. Il a fallu que le bouchon d'un double magnum de Moët trop chaud sautât sans prévenir, en 1966, à l'arrivée du circuit du Mans, pour que cette pratique s'institue, le pouce essayant en catastrophe d'arrêter l'écume. Il était inévitable que certains auteurs frottés de freudisme voient dans cette force rendue libre le jaillissement du liquide séminal tant il est vrai que ce vin est riche de métamorphoses et d'images symboliques.

C'est que le champagne est avant tout une mise en scène. Il est le seul vin qui parvienne à échapper à sa finalité — être bu. Lucien de Rubempré, dans *Illusions perdues*, devient officiellement journaliste après qu'on lui a versé du champagne sur la tête (« Au nom du Timbre, du Cautionnement et de l'Amende, je te baptise. Que tes articles soient légers »). Sarah Bernhardt et plus tard Marilyn Monroe se vantaient de prendre leur bain dans du champagne comme si, à l'image de l'eau lustrale du baptême, il lavait de quelque péché originel. Ne baptise-t-on pas les bateaux nouveau-nés en brisant une bouteille de champagne contre la coque ? Un proverbe affirme qu'« un navire qui n'a pas goûté au vin goûtera le sang ». Au lancement du *Titanic*, la bouteille refusa de se briser.

LE COLONEL ET LE MOINE

Les gens du champagne devraient un jour élever une statue au colonel Bonal. Pas tout de suite, le plus tard possible même car, s'il est âgé de soixante-quinze ans, tout chez lui respire la vigueur : que ce soit dans le maintien, le verbe, ou la pensée, qu'il a énergique. Le colonel Bonal a appartenu au 8e hussards à Épernay. On pourrait le représenter avec un sabre. Il avoue s'en être souvent servi, non pour trancher son prochain mais pour sabrer le champagne — et non le *sabler*, terme qui signifie à l'origine « boire cul sec ». Ces deux pratiques sont de toute façon peu recommandables, n'en déplaise au colonel.

Le colonel Bonal est un militaire comme je les aime : gai, carré, sans illusions, cultivé. Le contraire d'une vieille culotte de peau. L'exploit du colonel Bonal, qui restera dans l'histoire bien plus sûrement qu'un haut fait d'armes, est d'avoir écrit *la somme* sur le vin effervescent. *Le Livre d'or du champagne* est un monument.

Aucun fait n'a échappé à l'œil sagace de notre cavalier qui décime les gloires usurpées, redresse l'humilité des obscurs. Si bien qu'après avoir lu son ouvrage on se sent quelque peu découragé : que peut-on bien écrire de neuf après lui ?

Le colonel Bonal, qui avait gardé la nostalgie de son séjour à Épernay en 1951, a abandonné un jour la carrière militaire pour se consacrer entièrement à sa passion. Son *Anthologie du champagne* est un recensement de tous les textes de la littérature universelle sur le vin blond. Ce livre peut être considéré comme un tour de force. L'exploit laisse même pantois, surtout quand on sait comment notre colonel a procédé. Ne disposant au départ d'aucune citation, il a pris tout simplement dans le *Quid* tous les grands noms de la littérature française et mondiale. Et il a lu toutes leurs œuvres. Pendant des mois il n'a pas quitté la bibliothèque municipale d'Épernay. À raison de trente livres par après-midi et d'une moyenne de six minutes par livre, il a tout parcouru. Rien n'a échappé à son flair et à son coup d'œil acéré balayant chaque page pour s'arrêter infailliblement au mot *champagne*.

On ne rendra jamais assez hommage à cet excellent colonel qui a mâché le travail à tous ceux qui écrivent sur le champagne. À Reims, à Épernay, on dit à présent « le Bonal » comme le *Robert* ou le *Larousse*.

Le bon côté chez lui, c'est qu'il ne craint pas

d'aller à l'encontre des idées reçues. Rien ne le contrarie plus que d'entendre dire que dom Pérignon a inventé le champagne. Dans son cabinet de travail, il a placé devant lui, bien en face, le portrait du cellérier de l'abbaye d'Hautvillers, pour ne pas perdre de vue « l'adversaire ».

Le bon moine n'est pour rien dans cette déformation historique. Comme l'écrit Raymond Dumay : « C'est une création de la Restauration, année 1825, époque où une grande maison de champagne rachetait Hautvillers. »

Cette « grande maison » n'est autre que Moët et Chandon. Elle s'est tout simplement approprié la figure du bénédictin d'Hautvillers pour en faire le mythe fondateur du champagne. Le mythe sous sa forme imagée ne dit pas une vérité différente de la vérité historique. Le champagne tel qu'on le déguste aujourd'hui a été conçu sous dom Pérignon. Il lui suffisait de goûter un raisin pour identifier le « canton » qui l'avait produit, assure un moine de sa congrégation (« il les goûtait, les rangeait chacun selon le sol d'où ils venaient »). Raymond Dumay affirme fort justement : « Dom Pérignon est notre Bacchus, il en fallait un. » Le cellérier d'Hautvillers, qui est à l'origine de l'assemblage, opération bien plus déterminante que l'effervescence, est la matrice des temps premiers destinée à reproduire à l'infini la chanson de geste du champagne.

« Les pays qui n'ont pas de légende sont condamnés à mourir de froid », assurait le poète Patrice de La Tour du Pin. La légende de dom Pérignon enchante tous les Champenois, pas seulement la maison Moët, propriétaire de l'abbaye d'Hautvillers, sans conteste le plus beau lieu de la Champagne. Pour paraphraser Raymond Dumay, disons qu'il fallait un village emblématique pour la Champagne et qu'Hautvillers, d'une coquetterie qui fait plutôt penser à l'Alsace, fait fort bien l'affaire. Nombre d'amoureux du champagne qui parcourent le vignoble sont généralement déçus par le dépouillement, voire la sévérité des villages. Heureusement, il y a Hautvillers, jolie bourgade de carte postale. Et mieux encore, il y a l'abbaye Saint-Pierre. Du monastère pourtant il ne subsiste plus que le cloître et l'église conventuelle.

C'est de la terrasse abritée par des marronniers séculaires que l'âme d'Hautvillers transparaît avec éclat, dévoilant d'un seul coup la beauté du vignoble champenois. Celui-ci forme un amphithéâtre d'où émergent des lignes de peupliers et la masse sombre des villages. C'est de ce belvédère que la Champagne viticole révèle le mieux l'ordonnance de ses coteaux et permet d'entrevoir les trois principales zones du vignoble : la vallée de la Marne, la Montagne de Reims et la côte des Blancs.

Du haut de cet observatoire on saisit mieux

le mouvement secret de ces coteaux ordonné par les vallées. Même au plus gris de l'hiver, le paysage garde cette impalpable lumière blanche qui se réverbère sur la craie. Au plus fort de l'été, l'éclat violent du soleil est pacifié par le vert toujours un peu mouillé de la vigne. L'horizon brouillé par la brume n'est jamais tout à fait net. Épernay bourdonne tout près. La Marne lisse et fragile luit d'un éclat doux et frais. Au loin, la plantureuse côte des Blancs prise dans un halo de chaleur irradie une lumière pâle et poudreuse. C'est un paysage impressionnant à la fois par sa force vivante et sa modération. Tout concourt à lui assurer cette humanité que seuls ont su acquérir les vignobles historiques adoucis au fil des siècles par le labeur et l'intelligence des hommes. La moindre rudesse a été ici effacée. Vu d'Hautvillers, le vignoble champenois apparaît comme une mise en ordre du monde. Une volonté humaine a imposé en effet à cette terre un but immédiatement sensible. Il se lit dans le dessin des lignes, une souplesse qui n'est jamais molle. L'organisation du vignoble n'a pas l'arrondi ou le potelé de la région de Saint-Émilion ou le moelleux de la Bourgogne. Elle n'a pas la platitude légèrement bombée du Médoc. C'est plutôt une multitude de lignes qui s'enveloppent et s'opposent harmonieusement les unes aux autres. C'est un jardin, un vrai vignoble d'agrément avec ses plates-bandes, ses terrasses,

ses allées. Un architecte paysager n'aurait pas fait mieux. Nous nous trouvons devant une création exécutée par l'homme, à sa mesure. Le travail de générations de vignerons horticulteurs a pacifié l'exubérance originelle du paysage qui frappe aujourd'hui par son élégance dans ce que ce mot comporte d'essentiel et d'universel.

Depuis Hautvillers, on se rend compte que la vigne pèse de tout son poids sur le paysage. Mais elle le fait sans lourdeur comme si les lignes des coteaux étaient crayonnées avec légèreté. Le plus étonnant est que, sans faire masse ou pression, la vigne remplit tout. Mais cette domination est agile, vive, délicate. C'est le mouvement d'un être vivant. Rien de moins figé que le coteau champenois qui se plie et s'intègre à tout ce qui lui est étranger : routes, villages, forêts coiffant le sommet des collines. Cette élasticité explique peut-être l'humanité de ce paysage. Plus qu'ailleurs, le vignoble champenois palpite. Sa vitalité, sa flexibilité débordent de partout.

Cette allégresse, qui reste pourtant toujours contenue, contraste avec le silence de Saint-Pierre d'Hautvillers. Ces lieux ombragés, qui bruissent avec majesté sous le vent, respirent d'une vie secrète, étrange, presque inquiétante. Le passé de l'abbaye bénédictine chuchote doucement à nos oreilles. Un fantôme veille sur le vieux cloître : celui de dom Pérignon, enterré dans le chœur de l'église.

Le courant janséniste toucha l'abbaye d'Hautvillers, connue pour la rigueur de sa règle. Comme beaucoup de membres du clergé champenois sous Louis XIV, dom Pérignon adhérait aux idées de Port-Royal. Son biographe, René Gandilhon, note qu'« il est piquant de constater que la boisson la plus délicieuse, la plus délectable serait l'œuvre, le chef-d'œuvre d'un sévère milieu janséniste ». À dire vrai, le champagne est avant tout l'œuvre d'une bourgeoisie positive et stricte qui a fondé sa prospérité sur une discipline intérieure sévère. Le jansénisme, qui a d'ailleurs marqué durablement la bourgeoisie française, rejoint dans la même rigueur et la même exigence le luthéranisme caractérisé par des règles morales très scrupuleuses. Beaucoup de marques sont d'origine allemande. Dans l'esprit de leurs fondateurs, il était établi que si l'homme est plus strict à l'égard de lui-même il est moins aisément maniable de l'extérieur. Cette conception de l'existence se retrouve implicitement chez les veuves (Mme Clicquot, Mme Pommery, Mme Jacques Bollinger), très imprégnées du sens du devoir en même temps que marquées par un grand esprit d'indépendance, expression de cette autonomie de la conscience chère aux jansénistes.

Il ne fait aucun doute qu'une pointe de luthéranisme n'a pas disparu tout à fait de certaines vieilles maisons prestigieuses comme Bollinger,

Krug, Deutz ou Roederer, toutes d'origine germanique (le plus souvent d'ailleurs rhénane). Cette inquiétude créatrice, cette obsession de la perfection, ce contrôle moral étendu à toutes choses, cette ascèse d'où n'est pas absent cependant un profond amour pour la vie terrestre marquent ces descendants d'Allemands qui ont élevé le champagne au plus haut degré d'excellence.

Dans les caves de Krug, une inscription indique l'appartenance de cette famille à la religion réformée. Rémi et Henri Krug ont raconté comment leur père les éduquait : « Jamais de comportement ostentatoire. L'argent ne doit pas se sentir. On n'essayait pas de tricher en faisant à moitié ou en faisant trop. » Rémi ajoute : « Dans le protestantisme il y a la rigueur, que l'on peut qualifier de puritanisme. C'est une contrainte personnelle et morale qui forge des caractères particuliers. »

Avec cette grande politesse pleine de simplicité devenue si rare, Christian Bizot, chef de la maison Bollinger, illustre cette rectitude et cette précision des grands ancêtres allemands. Chez Bollinger, dans un souci de perfection, on ne fait rien non plus comme ailleurs : les vins de réserve sont conservés en magnums, la fermentation s'opère en fûts de chêne. Sans parler de la publicité qui révèle toujours chez les négociants champenois leur philosophie et même parfois la part inconsciente de leur moi. « Il est des centaines de champagnes, affirme la publicité Bollinger. Mais à l'encontre des grands vins, nulle classification ne permet au profane de distinguer de prime abord une très grande bouteille d'un champagne quelconque. Les vrais amateurs vous diront que ce n'est pas plus mal ainsi. » Le nom même de Bollinger n'est jamais mentionné. Le message est allusif, n'assène rien et joue sur le côté *happy few*, on sous-entend que pour apprécier Bollinger il faut être un connaisseur, ce qui est la stricte vérité.

Comme dit le proverbe, à bon vin point d'enseigne. La vraie gloire d'une marque de champagne se mesure à la discrétion de la plaque d'entrée. Chez Krug il n'y a aucune inscription à la grille. Chez Bollinger, à Aÿ, on en est réduit la première fois à tourner en rond car rien ne signale cette maison dont les bureaux ressemblent à une étude de notaire avec la boule de cuivre au pied de l'escalier. Chez Deutz, on entre comme dans un presbytère : en faisant sonner la cloche. Chez Roederer il faut savoir que ce L et ce R entrelacés sont le chiffre de la maison. La publicité de Louis Roederer est elle aussi très discrète. On s'est contenté de photographier la salle du conseil en l'accompagnant de ces trois mots qui n'ont rien de flamboyant mais résument bien l'esprit de la maison et le secret de sa réussite : « Sagesse, Décision, Modération ».

Le champagne, qui symbolise l'esprit français, est né en Angleterre et doit son renom aux Allemands. Ce talent à assimiler les influences étrangères pour en faire une création nationale originale est dans la tradition française. Les Allemands sont à l'origine de Mumm et de Heidsieck, sans parler de Bricout, fondé par un certain Koch et repris par le groupe allemand Racke. Veuve Clicquot doit son rayonnement actuel à Édouard Werlé, originaire de Rhénanie, dont le nom fut longtemps accolé à celui de Clicquot — certains vieux vignerons désignent encore cette maison sous le nom de Werlé.

Faut-il croire au hasard ? C'est dans une école de Reims que fut signé l'armistice du 8 mai 1945. C'est encore à Reims, en 1962, que fut officialisée par de Gaulle et Adenauer la réconciliation franco-allemande. Tout commence et finit par du champagne.

Comme disait Winston Churchill : « *In victory we deserve it, in defeat we need it.* »

À propos de défaite, un officier SS, qui se trouvait dans le bunker de Hitler au moment de son mariage avec Eva Braun, fit cette réflexion : « On n'a pas servi de champagne. J'ai compris. Nous avons perdu la guerre. »

UN SYSTÈME « KOLKHOZIEN »

Le contrat est l'une des originalités champenoises. C'est un pacte unique dans la France viticole qui régit, depuis 1959, les relations entre le négoce et les vignerons. Il fixe le prix du raisin, organise et garantit l'approvisionnement des maisons de négoce, lesquelles produisent 67 p. 100 du champagne mais ne sont propriétaires que de 12 p. 100 du vignoble. Depuis des années, le négoce réclame du raisin, toujours plus de raisin. Dans le contrat précédent, le négoce se voyait garantir par 15 000 vignerons 48 p. 100 de la récolte totale. Il faut préciser que les vignerons sont de plus en plus nombreux à élaborer et à commercialiser leurs propres vendanges, soit individuellement, soit en coopératives. Ce mot de *négoce* que l'on emploie pour désigner les marques de champagne est impropre car le rôle des maisons n'est pas d'acheter du vin pour le revendre mais bien d'élaborer, à partir du raisin qui leur est fourni, le champagne qu'elles commercialisent.

Entre le négoce et les vignerons subsiste une certaine méfiance, ce que conteste le négoce qui a tendance à oublier le temps où il tenait le haut du pavé, refusant d'acheter le raisin quand les vendanges étaient trop abondantes. Cette époque n'est pas si lointaine. Les vignerons n'ont pas perdu le souvenir de l'année 1955, marquée par une superbe récolte dont une partie ne trouva pas d'acheteurs. La leçon ne fut pas perdue. Aidés par le Crédit agricole, les vignerons purent commencer à acheter du matériel afin d'élaborer et de commercialiser eux-mêmes leur production. On les désigne sous le nom de « récoltants-manipulants ». Leur multiplication pose évidemment au négoce le problème de l'approvisionnement. Pour les marques, c'est autant de raisin en moins. En gens avisés, ces « récoltants-manipulants » destinent une partie de leur production au négoce afin de financer leurs investissements. Maintenant c'est eux que l'on courtise. Comme me l'a confié un vigneron d'Aÿ : « Le petit-fils venge le grand-père. »

En effet, les jeunes vignerons n'oublient pas. Et l'aïeul est là pour leur rappeler le spectre des « affameurs tapis dans leurs beaux hôtels de Reims et d'Épernay ». On se souvient que, lors de la crise des années 30, ils achetaient le raisin « au prix du gros rouge ».

Il n'en reste pas moins que, depuis le XIXᵉ siècle, les négociants ont payé de leur personne en allant démarcher eux-mêmes à l'étranger. Habitude, souligne François Bonal, « qui remonte au Consulat lorsque les négociants ou leurs représentants suivaient les troupes françaises dans leurs campagnes européennes ». Ces hommes infatigables relayés par leurs agents ont sillonné les routes d'Europe, allant toujours plus loin, accompagnant la ruée vers l'Ouest américain. Admirons la simplicité de ces quelques mots de René Deutz à sa famille : « Ce soir, je suis à Moscou. Il neige. Je pense à vous. René. »

Tout oppose cette France portée sur le grand commerce audacieux et universel et la viticulture, monde de l'intérieur, prudent, particulariste, qui n'a jamais oublié les difficultés du passé. Le négociant de champagne est l'auteur du produit qu'il vend. Il est intimement lié au vignoble. Le vigneron a parfois quelques difficultés à admettre que, sans le négoce, le champagne n'aurait jamais acquis mondialement la réputation dont il profite lorsqu'il vend ses propres bouteilles.

Plus que les autres régions viticoles de France, le monde champenois est le fruit d'une architecture subtile. Cette structure s'est bâtie sur la négociation permanente et sur des procédures acceptables pour tous. L'entente repose sur une quantité impressionnante de textes, chartes, règlements, obligations contractuelles. Créé en 1941, le CIVC, groupant négociants et vignerons, a été parrainé par le futur préfet de police de Paris, René Bousquet, alors préfet de la Marne. Cette organisation collective très codifiée et somme toute rassurante fait dire plaisamment à certains chefs du négoce comme Yves Bénard (Moët et Chandon) ou André Lallier (Deutz) que le système champenois est « kolkhozien ». Ce comité n'est tout de même pas un soviet mais il veille jalousement sur les intérêts communs. C'est une architecture particulièrement solidaire. Les deux partenaires ont su surmonter une concurrence qui aurait pu être destructrice sur le marché du raisin.

Le monde du champagne a horreur du hasard, de l'accidentel, de l'imprévu. Tout ce qui échappe à l'arbitrage, à la règle ou au texte lui cause de l'inquiétude. L'organisation est parfois pesante. La minutie de cet édifice, où il n'y a guère que la météorologie qui soit laissée au hasard, explique en grande partie la réussite du champagne.

Dans la plupart des grands vignobles, la nature l'emporte. En principe. Pour le champagne, c'est sans conteste l'homme qui est le plus fort. Pour obtenir un grand vin — Roger Dion l'a démontré —, le climat et le sous-sol ne sont pas prépondérants. Seule compte la détermination humaine. En Champagne, l'homme est parvenu à dominer la nature qui a suscité à l'origine deux obstacles de taille : un climat difficile et cette effervescence naturelle longtemps considérée comme un handicap. Ce vouloir humain, on le retrouve dans les intérêts souvent antagonistes du négoce et des vignerons, assujettis à un pacte où chacun s'efforce de respecter des principes de réciprocité et de considération mutuelle. Jusqu'à présent, le patriotisme champenois l'a toujours emporté sur les désaccords et les rancœurs.

Selon Christian Pol-Roger, qui observe tout ce monde avec un humour paisible, la colère des Champenois est à l'image de ce qu'ils font si bien. « Ils sont effervescents comme leur vin. Prompts sur le moment à s'exalter. L'effervescence ne dure pas, même chez les meilleurs champagnes. Il faut un certain temps aux uns et aux autres pour redevenir tranquilles. »

Un vigneron d'Aÿ, Pierre Cheval, ancien haut fonctionnaire du ministère de l'Intérieur, explique la nature profonde de cette compétition. Collectivement, il existe une complicité fondamentale entre le négoce et les vignerons. Individuellement, c'est autre chose, ils sont irrités l'un contre l'autre. « Que de fois ai-je entendu dire par les représentants des grandes maisons : "Le vignoble est roi mais affecte de se croire exploité" ! »

Michelet ne s'y est pas trompé quand il

parlait de la « naïve et maligne Champagne ». Certes, les traits qui faisaient l'originalité de nos provinces ont en grande partie disparu. Toutefois l'auteur du *Tableau de la France* jugeait bien les choses quand il affirmait non seulement que le champagne est le « fils du travail et de la société », mais aussi qu'il est le produit « de la grâce et de l'ironie champenoise ». Selon Michelet, cette « chose légère » mais néanmoins « profonde » définit bien le champagne et les Champenois. Je crois beaucoup à cette ironie champenoise qui est le contraire de la gravité et de la lourdeur. Chez tous les acteurs de cette comédie prévaut une manière subtile de se moquer de soi-même ou des autres en disant le contraire de ce qu'on veut faire entendre. « On parle volontiers en Champagne la langue de bois et l'on y pratique la casuistique avec un art consommé. N'oublions pas que Reims possède le meilleur collège jésuite de France », note Thierry Mantoux, P-DG de De Venoge, qui n'est pas champenois.

Mon ami Nicholas Faith, un Britannique qui a écrit le meilleur livre sur le champagne avec celui de Patrick Forbes, me confiait un jour : « Il y a une quantité de sujets tabous en Champagne comme les rendements, la taille, le pinot meunier, l'Aube, la mise en vente prématurée... On y pense toujours mais il n'est pas convenable d'en parler. Est-ce typiquement champenois ? En tout cas, c'est très français. Dès lors que l'on vend du rêve, on n'aime pas que les autres viennent y regarder de près. »

Dans la galerie de ces personnages discrètement railleurs et pleins de finesse, un homme incarne bien cet esprit, Joseph Henriot, héritier et porteur d'un grand nom de Champagne, aujourd'hui P-DG de Veuve Clicquot. Homme redouté et redoutable, charmant quand il veut plaire, assénant avec esprit les travers de cette caste à laquelle il appartient mais sachant en épouser les partis pris, il a été de ceux qui ont souhaité la rupture du fameux contrat entre vignerons et négociants. Barbey d'Aurevilly dit d'un de ses personnages : « C'est de l'esprit dans la glace, un homme froid à vous faire tomber. » Le chef de Veuve Clicquot parfois ressemble à cet homme. Je le soupçonne d'ailleurs d'user au second degré de ce style glacial et militaire. Il s'est composé un masque : celui de l'homme sans émotion. Mais ce pince-sans-rire a trop d'intelligence pour se laisser enfermer dans un tel rôle. Joseph Henriot pratique le fameux paradoxe du comédien : jouer vrai tout en gardant la tête froide.

Il faut voir le chef de Veuve Clicquot faisant les honneurs de sa vénérable maison. Spectacle d'une grande qualité, surtout quand il vous invite à monter au premier étage pour admirer la salle du conseil. Sans les commentaires du maître des lieux, la pièce n'offrirait guère d'intérêt. Le mobilier est cossu mais sans pittoresque. Heureusement il y a les tableaux qui confèrent à la salle un air respectable et cette patine qu'arborent les vieilles maisons bourgeoises recrues d'histoire et de sens de l'économie. Ces tableaux de famille sont pour la plupart signés par Léon Cogniet, peintre académique quelque peu oublié du XIXe mais qui ne manque ni de virtuosité ni de pénétration dans ses portraits. La façon dont il a représenté Édouard Werlé, qui fut le collaborateur indispensable de Mme Clicquot, témoigne de ce talent psychologique. Visiblement, Joseph Henriot éprouve un faible pour ce personnage à la tenue austère et à l'expression autoritaire que tempère un lourd menton plein de sensualité. Il émane de cet homme aux traits puissants un air peu commode qui fait dire avec admiration à Joseph Henriot : « Il aimait à être obéi. »

À l'inverse, le rejeton, Alfred Werlé, a la tête indolente et veule des enfants gâtés et cette contenance quelque peu effrayée des fils écrasés par le père. Joseph Henriot n'a même pas un regard pour le pauvre Alfred : « Un bon à rien ! » Il s'attarde devant Bertrand de Mun qui fut un grand patron de Veuve Clicquot, comme Werlé. Celui-là ne laisse guère deviner une nature accommodante. Il affecte un regard rêveur mais on sent bien, derrière cette pose destinée à tromper l'adversaire, qu'aucun détail ne devait lui échapper. « N'est-ce pas qu'il a l'air vache ? » s'émerveille Joseph Henriot.

Ces façons douces mais un peu menaçantes, ce regard souple et froid semblent être le genre de la maison. Joseph Henriot l'a adopté en ayant toujours soin d'établir une distance. Quand il montre le secrétaire de la veuve Clicquot, meuble imposant rempli de petits tiroirs, il arrête de persifler. On ne se gausse pas de la veuve, mythe fondateur, au même titre que dom Pérignon pour Moët. Rien de romantique dans l'existence de cette femme qui incarne quelques-unes des vertus champenoises : réalisme, autonomie, obstination, astuce et goût du détail.

Qui ne connaît son portrait peint par Léon Cogniet ? Il figure sur toutes les bouteilles de la cuvée spéciale La Grande Dame. C'est un tableau fascinant : Nicole-Barbe (c'était son prénom) Ponsardin, devenue veuve à vingt-sept ans, n'est pas sans rappeler une autre souveraine, la reine Victoria. Sous la majesté de l'expression, on lit la même ténacité, la même absence d'imagination et cette lueur intraitable et froide dans le regard, à la limite de la cruauté. Ce tableau représente l'une des images les plus extraordinaires de la bourgeoisie française du XIXe siècle. Le geste à la fois dominateur et naturel, signifié par la main droite appuyée sur l'accoudoir, est la meilleure représentation dont une marque de champagne puisse rêver. Ce portrait a fait le tour du monde. On a pu dire avec justesse que la veuve Clicquot était, avec Jeanne d'Arc, la Française la plus connue à l'étranger.

AU GRÉ DU VIGNOBLE

J'affectionne un détail dans le paysage champenois, ce sont les bornes, pierres plates au sommet arrondi, sur lesquelles les maisons de négoce apposent leur nom pour bien marquer qu'elles sont elles aussi enracinées dans le vignoble. Ces bornes servent plus à faire parade d'une légitimité terrienne qu'à délimiter un territoire. Christian Bizot m'a raconté un jour son étonnement lorsqu'il vit un visiteur américain se recueillir gravement devant une borne marquée Bollinger. « J'étais certes flatté par une telle déférence. En fait, il avait cru que c'était une pierre tombale. » La confusion est excusable surtout pour un Anglo-Saxon habitué à voir dans les cimetières des pierres ainsi plantées. Rien n'est plus gai que ces bornes blanches au chiffre de la marque, parfois frappées d'une étoile, souvenir de la comète de 1811. Elles perpétuent et personnifient un vignoble guetté parfois par l'anonymat.

LA MONTAGNE DE REIMS

Elle s'étend entre les deux rivales Reims et Épernay, et n'a absolument rien de montagnard. Elle culmine près de Verzy à 288 mètres, près de cette forêt qui renferme une étrange variété de hêtres d'une exceptionnelle longévité : les faux de Verzy.

Dans cette Champagne viticole obsédée par la classification — mais non par la hiérarchie —, on divise cette zone en « Grande » et « Petite Montagne », chacune étant située de part et d'autre de la route Épernay-Reims. La Montagne de Reims compte le plus grand nombre de communes classées à 100 p. 100 (ou grands crus). Souvent méconnue du grand public, l'échelle des crus en Champagne détermine, lors de chaque vendange, le prix du kilo de raisin. Conçue en 1911, corrigée récemment, elle se fonde sur des classifications anciennes et sur des usages. Chaque village (ou cru) s'est vu attribuer une cotation de 80 à 100 p. 100 selon le degré de qualité des raisins produits : maturation, exposition, sol, sous-sol... Un nom fait consensus : champagne, l'étendard sous lequel toutes les forces se rangent. Il assure à chacun, grandes maisons et simples vignerons, l'égalité par le haut. Que l'on songe au vignoble bordelais où chacun combat pour son propre compte. La qualité de bordeaux et bordeaux supérieur a priori valeureuse désigne en fait le bas de l'échelle.

Dans ces villages construits en meulière, les traces du passé sont absentes. Invasions et guerres leur ont ôté cette humanité qui a fini par s'insinuer avec le temps dans le hameau le plus reculé de notre pays. Pour atteindre Paris, les armées étrangères depuis Charles Quint jusqu'à von Kluck sont passées par la Champagne, boulevard de leur pénétration belliqueuse. Près de Verzenay on trouve un « chemin de la Barbarie », un lieu-dit appelé « Champs-Brûlés ». Les Champenois ne sont pas responsables de l'austérité de leurs bourgades. Après la tourmente, toute l'énergie était concentrée sur le vignoble. C'est dire qu'un vestige des temps anciens est l'objet des soins les plus attentifs. Le moulin de Verzenay, entièrement restauré, paraît même surréaliste au milieu de cet océan de vignes. Que peut-il bien moudre ? Eh bien, une certaine idée de la tradition, la nostalgie de l'âge d'or, un autrefois qui n'a jamais vraiment existé.

Du moulin de Verzenay, on surplombe un terroir très réputé que se partagent les meilleures maisons : Pommery, Mumm, Moët, Veuve Clicquot, Bollinger et Roederer.

De l'autre côté de la route Épernay-Reims, la « Petite Montagne » fait figure de jardinet. Beaucoup de Champenois s'accordent à dire qu'on y trouve les meilleurs vignerons et qu'on y entretient avec le plus d'amour le vignoble. La Veuve Clicquot y possède la plus grande surface (30 ha). Les raisins y sont si parfaits qu'il arrive à la Veuve d'employer des pinots meuniers de Pargny-lès-Reims et de Villedommange pour élaborer ses vins de réserve. Ce détail témoigne de l'excellence de la Petite Montagne. Cépage immédiat, charmeur, le pinot meunier, qui d'ordinaire s'oxyde et vieillit plus rapidement que le pinot noir et le chardonnay, garde longtemps ici les qualités de sa jeunesse.

Sans la forêt de la Montagne de Reims, il n'y aurait pas de vin de Champagne. La masse boisée a en effet tamisé et régulé la température du vignoble. Cette forêt établit une véritable cloison entre Épernay et Reims. Ce sont deux mondes à part. Les négociants champenois qui, tout au long de l'année, font la navette entre les deux villes distantes seulement de vingt-sept kilomètres assurent que les différences ont disparu, mais choisir d'habiter Reims quand on travaille à Épernay est toujours le fruit d'une décision douloureuse. « J'ai l'impression de trahir », reconnaît non sans humour Hervé Augustin, P-DG de Castellane, dont le siège est situé à Épernay. « La Montagne de Reims est vraiment une montagne », ajoute un de ses collaborateurs, Guillaume Heidsieck. Elle marque une ligne de séparation. Il rentre lui aussi chaque soir à Reims et sait parfaitement identifier les occupants des véhicules qu'il croise sur son trajet. Tout oppose Épernay, infiltrée de part et d'autre par le vignoble, à Reims, posée solitairement sur un plateau qui lui donne un air curieusement castillan.

LA VALLÉE DE LA MARNE

Quel contraste entre l'ampleur du vignoble et les villages mesquinement accrochés à une pente, ou étrécis autour de la rue principale ! Au milieu de la vigne, ces bourgades forment un passage encaissé, souvent goulet d'étranglement qui accentue la rigidité et l'uniformité dues à un crépi gris recouvrant chaque maison. Les rares localités qui rompent cette monotonie le doivent plus à la vue splendide qu'elles offrent qu'à leur pittoresque. De Champillon, le panorama sur la vallée de la Marne est admirable. On ne se lasse pas d'un tel spectacle surtout quand on a le privilège de prendre une chambre au Royal-Champagne. Une plaque indique que l'empereur y « relaya » pendant la campagne de France. Derrière le décor souvent renfrogné d'un village et sa force d'inertie, la grâce survient, il suffit d'un détail. Damery, par exemple, a beau proclamer sur ses panneaux qu'il est le « leader de la Champagne par la quantité des expéditions effectuées par ses vignerons-manipulants », cela ne suffirait pas à notre bonheur s'il n'y avait ces bords ombragés de la Marne dont la simplicité et la féerie un peu voilée évoquent les tableaux de Corot.

Si de telles surprises ne sont que discrètement murmurées, elles laissent des impressions durables. Rien n'est affirmé, c'est l'art de la litote appliqué à l'habitat : montrer le moins possible, opposer le spectacle de murs aux couleurs mornes pour mieux cacher le logis. Le Britannique Cyril Ray parle de la « quiétude presque puritaine » de ces bourgades. « Le village champenois donne presque toujours l'impression d'avoir mûri lentement, il semble se replier sur son propre petit monde », ajoute un autre Britannique, Patrick Forbes. Par un passage nommé *porte-rue*, la porte cochère ouvre presque toujours sur une courette pavée ou cimentée, laquelle donne accès à la maison d'habitation. Entourant la maison du vigneron, des celliers ouverts servent de rangement au matériel nécessaire à l'exploitation de la vigne (cuves de sulfatage, tracteurs-enjambeurs). Cela ne fait pas rêver. C'est même plutôt laid. Tout est sacrifié à la vigne, seul le logement blotti à l'arrière respire le confort et l'aisance. Il suffit à un vigneron marnais de posséder cinq hectares pour vivre sur un grand pied, comme en atteste le nombre impressionnant de Mercedes et de 4 x 4 pour fiston. On ne dédaigne pas non plus la robinetterie en or qu'on montre aux amis. Je tiens cette information d'un fonctionnaire local

LA CÔTE DES BLANCS

J'ai une certaine tendresse pour la côte des Blancs. J'y ai rédigé naguère l'un de mes premiers articles sur le champagne. Nous sommes en effet ici dans la terre promise du chardonnay, le cépage roi de la Champagne. Tous le réclament pour élaborer le meilleur assemblage et composer exclusivement ces cuvées blanc de blancs très recherchées. L'acidité naturelle du chardonnay, qui permet un long séjour du vin sur les levures et excite si agréablement les papilles à l'attaque, explique son succès. Un côté brutal et même claquant. En fait, ce mordant ne doit jamais insister afin de manifester cette finesse qui lui est propre. Les agréables notes citronnées de la jeunesse évoluent plus tard vers des arômes de pain grillé. Le chardonnay se sent à l'aise dans la côte des Blancs. Trop à l'aise ? « Chez eux, ça crache », disent les vignerons de la vallée de la Marne un brin jaloux. Il faut dire que leur pinot noir est nettement moins prolifique. Les Champenois de la côte des Blancs sont des gens heureux. Les maisons s'arrachent leurs raisins, qui sont les plus chers de la Champagne. Savez-vous quelle est la différence entre un vigneron riche et un vigneron pauvre ? Le second doit lui-même laver sa Mercedes le samedi.

Solidement installés sur leur prospérité, convaincus de leur supériorité, à la limite parfois de l'arrogance, ils n'affichent aucun complexe. Les habitations sont généralement voyantes. Nous sommes loin des murs gris qui masquent de la vallée de la Marne, les « blancs » préfèrent nettement les grilles qui mettent à découvert leur réussite.

Ici, le moindre propriétaire-récoltant a sa plaque de cuivre à l'entrée. Entre les grandes maisons de négoce fondées au XIXe siècle et le petit propriétaire est née — souvent entre les deux guerres — une génération de récoltants-manipulants, comme Pierre Peters au Mesnil, Bonnaire-Bouquemont à Cramant, Pierre Gimonnet à Cuis, Michel Gonet et Jacques Selosse à Avize. J'ai un faible pour Alain Robert, du Mesnil, qui produit un champagne admirable. Il n'aime pas trop d'ailleurs que cela se sache car il doit contingenter ses clients « Je fais un vin qui me plaît et non qui plaît », aime-t-il à dire. Avec Jacques Selosse il est l'un des rares récoltants-manipulants à loger ses vins en barriques de chêne. Son blanc de blancs peut rivaliser avec les plus grands.

Attardons-nous au nom *blanc de blancs* qui désigne un pur chardonnay. Trouvaille géniale qui a contribué à changer la façon de boire le champagne. Le « blanc » étant un gage d'élégance et de perfection, blanc de blancs fait partie de ces superlatifs absolus comme roi des rois. Il exprime le couronnement, le sommet, le degré supérieur de la qualité, promesse d'excellence absolue.

REIMS ET SES MAISONS

Reims est-elle la capitale de la Champagne ? C'est le genre de question qu'il convient de ne jamais poser, elle vous entraîne dans d'interminables polémiques avec Troyes, Châlons ou même Provins. Est-elle la capitale du champagne ? Question tout aussi dangereuse à laquelle sa voisine Épernay a répondu sans ambages. À l'entrée de cette dernière, une pancarte n'annonce-t-elle pas catégoriquement : « Épernay, capitale du champagne » ? Quelle parade trouver face à une telle affirmation ? Habilement, la ville des Sacres a esquivé avec ce panneau : « Reims — Le champagne ». Ce « le » est un coup de génie. Il a la simplicité imparable de l'évidence et signifie royalement que Reims égale champagne.

Reims a beau s'enorgueillir de posséder les plus belles caves du monde, ce n'est pas une ville hantée par le champagne. Certes, de grosses bouteilles sur le trottoir signalent çà et là qu'on vend du champagne à la coupe. Il y a bien aussi la vigne de l'ancien collège des Jésuites, vieille de trois siècles, rapportée, paraît-il, de Palestine et qui fournit à chaque vendange une centaine de kilos de raisin. À l'évidence, le vin mousseux n'est pas la seule raison de vivre de cette ancienne ville de drapiers, patrie de l'austère Jean-Baptiste Colbert. Après les bombardements de 1914-1918, Reims n'était plus qu'un champ de ruines. Il fut décidé de reconstruire à l'identique. Du moins on essaya — la cité s'enorgueillit de belles demeures Arts déco. Une maison, qui ne faisait déjà rien comme les autres, prit le parti de laisser sur les murs les impressionnants stigmates de la Première Guerre mondiale. On a reconnu Veuve Clicquot.

VEUVE CLICQUOT

Cette demeure construite au début du XIXe siècle dans un style Louis XVI très pur est située près des Halles. Elle fait partie d'un ensemble, l'hôtel du Marc, sorti presque intact des bombardements allemands. Joseph Henriot l'appelle l'« Hôtel de la Compagnie », qui fleure bon l'Ancien Régime et l'aventure des sociétés commerciales à privilèges au temps des Indes. C'est dans cette retraite, abritée des regards par un mur d'enceinte, que la société reçoit ses invités. Je dois reconnaître que le spectacle de cette bâtisse criblée d'impacts de balles et d'obus constitue un choc. Ces traces semblent si récentes qu'on se croirait à Beyrouth. Joseph Henriot n'est pas peu fier d'être le seul à avoir pu conserver à Reims ce curieux souvenir de la guerre 14. « Nous ne l'avons pas fait exprès, se plaît-il à souligner. Disons que le souci d'économie de certains de mes prédécesseurs les a conduits à négliger la restauration de cet hôtel. Les retards donnent quelquefois de l'avance. Nous avons à présent une pièce de musée. »

Après Moët et Chandon — établi à Épernay —, « la Veuve » est l'une des plus considérables maisons champenoises. « La Veuve », il fallait oser. C'est Mme Clicquot qui a été la première à se prévaloir de sa condition : mon mari est mort, je l'indique sur la bouteille. La veuve, c'est aussi la guillotine.

Moët et Clicquot, qui appartiennent au groupe LVMH, ont des stratégies indépendantes et ne sauraient être confondues bien qu'elles aient aujourd'hui le même patron, Bernard Arnault, dont on connaît les démêlés avec Louis Vuitton. Ce dernier racheta « la Veuve » au terme d'une rocambolesque partie au cours de laquelle les relations entre l'ancien président Alain de Vogüé et son vice-président, Joseph Henriot, tournèrent à l'aigre. Dans un ouvrage paru en 1990, *La Guerre du luxe*, que le monde du champagne s'est arraché, Claude Vincent et Philippe Monnin racontent qu'Alain de Vogüé, qui assurait « de droit divin » la présidence de cette maison riche d'histoire, fut très courroucé par l'OPA de Louis Vuitton et accusa — à tort — Joseph Henriot de trahison : « J'ai eu le malheur qu'une taupe pénètre dans mon jardin. Au lieu de lui couper la tête, je lui ai laissé la vie sauve. »

Alain de Vogüé finit par se résigner. Henry Racamier, chef de Louis Vuitton, lui lança un jour : « Alain, quand enlèverez-vous enfin ses frisettes à cette brave Mme veuve Clicquot dont le portrait figure toujours sur nos étiquettes ? Cela fait un peu vieillot, ne trouvez-vous pas ? » Henry Racamier fut sans doute un bon malletier mais une telle réflexion montre que sa compétence s'arrêtait aux bagages. Sans ses « frisettes » — qui sont en fait des rouleaux —, le visage sévère de Mme Clicquot n'exprimerait pas cette autorité royalement bourgeoise qui fait aussi bien sa popularité que la prospérité de la maison. Assistée d'Édouard Werlé, dont le nom figure toujours sur les étiquettes mais qu'on ne remarque plus, elle s'occupait de tout. C'est elle qui mit au point la fameuse étiquette jaune orangé, cette carte jaune qui sonne comme une infraction, génial signe de reconnaissance permettant d'identifier au premier coup d'œil sur une rangée de bouteilles la Veuve Clicquot.

« La Veuve Clicquot n'est même plus une

marque, c'est un repère culturel », déclare Joseph Henriot. Depuis sa création la maison cultive soigneusement l'anticonformisme et l'art du contre-pied. Fort de ce principe, Joseph Henriot a affirmé solennellement que Veuve Clicquot n'utiliserait jamais à l'extérieur son nom ou ses dérivés, le mot « Veuve » ou « Clicquot » ou « Ponsardin », allusion perfide à l'adresse de Moët qui a utilisé la seconde partie de son nom, Chandon, pour créer aux États-Unis un vin mousseux. Joseph Henriot tient à conserver l'image élitiste et le côté décalé de la marque, malgré le volume de la production. « S'agissant de la Veuve Clicquot, il ne nous vient jamais à l'esprit de parler du rapport qualité-prix. »

MUMM

La rue du Champ-de-Mars à Reims pourrait s'appeler rue Mumm, encore que ce nom ait été dans le passé source de bien des problèmes. Fondée en 1827 par une famille originaire de Hesse, la firme George Hermann Mumm mit longtemps à couper ses racines allemandes. En 1914, les Mumm avaient conservé la citoyenneté de leur pays d'origine, si bien qu'à la déclaration de guerre la société fut mise sous séquestre puis vendue. Entre les deux guerres, les dirigeants de Mumm eurent toutes les peines du monde à persuader leurs clients que le champagne Mumm n'était plus allemand. Cela explique encore aujourd'hui l'extraordinaire notoriété de la cuvée Cordon Rouge qui est presque parvenue à éclipser le nom même de la marque. Sous l'occupation, Mumm redevint allemand. Depuis 1969, Mumm est contrôlé par le groupe canadien Seagram, qui détient aussi Perrier-Jouët et Heidsieck-Monopole.

Les vicissitudes de l'histoire n'ont jamais entamé le prestige de Mumm, qui eut le coup de génie de créer en 1876 Cordon Rouge. Cette idée est due à un agent de Mumm qui proposa de décorer les bouteilles de la Légion d'honneur. Le ruban de soie rouge des débuts fut vite abandonné pour l'étiquette avec les mots Cordon Rouge figurant sur une large bande rouge diagonale toujours en usage. François Bonal a raison de souligner que Cordon Rouge est parvenu à signifier « champagne » tout simplement. Quand Tintin fête la réussite de la fusée d'*Objectif Lune*, c'est avec du Cordon Rouge. Dans *Astérix* on fait sauter les bouchons d'amphores romaines, lesquelles sont barrées du « rouge Mumm ».

Je dois à Mumm une de mes plus belles dégustations, en tout cas la plus instructive et la plus poétique. Chef de cave de Mumm depuis 1971, André Carré est un homme qui peut avoir l'air contraint lorsqu'on le voit pour la première fois. C'est uniquement parce qu'il est absorbé. André Carré brûle de la passion de l'assemblage. Peu d'hommes ont une telle compréhension et une telle intuition des crus qui composent la Champagne. D'ordinaire, les hommes du champagne insistent plutôt sur les cépages : le pinot noir, le chardonnay et le pinot meunier. André Carré préfère, lui, parler de crus. Il n'a pas son pareil devant un échantillon de vins tranquilles pour « portraiter » ces cépages dans le cadre de leur terroir d'origine : « Le chardonnay de Cramant, c'est une belle princesse un peu folle, elle déborde de dons. Le chardonnay d'Avize, c'est sa demoiselle d'honneur, c'est une personnalité sérieuse, ferme et raisonnable. Verzenay, c'est l'exubérance et la force, le muscle en quelque sorte que vient corriger Aÿ. Le pinot noir d'Aÿ est plus fondant, il arrondit les angles. Aÿ est le trait d'union entre la fougue des noirs et l'orgueil des blancs. » Et le pinot meunier ? C'est Cendrillon, le personnage indispensable qu'on cache. Il fait tout le travail, on en a un peu honte alors qu'il est incomparable. Ce cépage robuste, qui passe à tort pour manquer de distinction, est le plus répandu en Champagne (40 p. 100). En sa jeunesse il apporte rondeur et fruité mais il vieillit vite. André Carré reconnaît qu'on a été trop injuste à l'égard du pinot meunier. C'est vrai qu'« il allonge la sauce », comme le disent crûment les Champenois, mais on redécouvre aujourd'hui ses vertus et sa prodigieuse adaptation au terroir si particulier de la Champagne. Dans un assemblage entre le pinot noir et le chardonnay, il a toute sa place, c'est-à-dire au milieu, excitant la singularité des deux cépages. André Carré apprécie le pinot meunier, « mais à partir de Venteuil le goût de rafle ressort dans certains crus ». Dans une cuvée comme le Cordon Rouge, le pinot meunier (35 p. 100) est presque à égalité avec le pinot noir (40 p. 100).

Il faut voir André Carré contempler le chapelet ininterrompu de bulles qui monte dans son verre pour se rendre compte que cet homme est envoûté par leur finesse. Il répète : « Le champagne a deux vocations : faire de la mousse et être assemblé. » Je l'ai entendu dire : « Les bulles ont le regard malin. » Depuis qu'il a formulé cette observation, je suis convaincu qu'elles sont vivantes, qu'elles ont une âme. Elles ont du sentiment, de la vie. Elles se cachent, tournoient, vrillent. Elles meurent et se reproduisent. André Carré a coutume de dire que les bulles expirent deux fois : à la surface du verre et sur nos papilles. On sait depuis longtemps que le dégagement gazeux extrait et révèle les odeurs. Ces arômes enfermés dans la bulle accomplissent des miracles. Rien n'est plus commun pourtant que le CO_2, gaz neutre et incolore — les boissons d'inspiration américaine en sont gorgées.

Chez Mumm on a élevé la mousse au niveau

d'un des beaux-arts. J'ai goûté avec André Carré un 1955 mémorable. 1955 est en Champagne le grand millésime de l'après-guerre. Récemment dégorgé, il montrait une verve impressionnante avec un nez somptueux de pain grillé digne d'un grand bourgogne mais s'en différenciant par cette retenue très « champenoise », laquelle force moins son talent qu'elle ne le suggère. Après de telles dégustations, l'on en vient à la conclusion que le champagne est le seul vin blanc qui, grâce à l'acidité et à l'effervescence, est en mesure de traverser les âges sans encombre. Ces millésimes vieillis sur pointe, c'est-à-dire verticalement, ne peuvent malheureusement être dégustés que sur place. Dégorgés au dernier moment, ils retrouvent une seconde jeunesse qui stupéfie à chaque fois. Ce 1955 historique avait beaucoup d'entrain et nous ne nous lassions pas de contempler le « regard malin » des bulles. « Écoutez, dit André Carré, le vin chante dans la bouteille et vit dans les verres. »

KRUG

À l'intersection du boulevard Lundy où se sont édifiés, à la fin du XIXe, de beaux hôtels particuliers pourvus de vastes jardins, l'étroite rue Coquebert a cet air vieillot et rechigné des vieilles manufactures de la fin du XIXe siècle. Quelques portails ouverts laissent entrevoir des cours et des bâtiments moins revêches, vieille habitude champenoise que l'on observe à la ville comme à la campagne. L'abord est toujours sévère ; les murs, dont on fait en Champagne grand usage, sont trompeurs car l'on croit qu'ils sont destinés à cacher quelque secret.

Dans la rue Coquebert, la maison Krug ne paie pas de mine. On passe devant sans s'en apercevoir. Le bureau et les chais constituent la deuxième ligne de défense. Franchi le portail, la cour n'offre rien de particulier. Seul effet décoratif, les rouleaux de brique autour des baies.

Derrière ce cadre austère qui fait diversion vivent les Champenois. Ce sont des Médocains à l'envers. Ces derniers exhibent un décor somptueux où, le plus souvent, ils n'habitent pas. Les gens en Champagne, eux, se moquent des apparences, derrière des murs moroses ils abritent une vie confortable de bons vivants.

À l'intérieur de la maison Krug, c'est autre chose. Le bois blond confère aux bureaux une note scandinave qui convient bien à l'esprit de la maison. Un dépouillement trop visible, une rigidité trop appuyée constitueraient une faute de goût. On a trop ici le sens du détail et aussi de la perfection, le sens aussi du beau et du vrai, pour faire de l'austérité un système.

Krug est une mystique. Les connaisseurs ont fondé sur cette marque un absolu. Ils lui attribuent une vertu suprême, celle d'incarner le summum du champagne. Un seul champagne fut servi en 1981 lors du repas de noces du prince Charles et de lady Diana, Krug 1969. Les krugistes existent. Ils sont même rassemblés au sein d'un ordre avec des statuts et une devise (Créer, exceller, rayonner). Il est de bon ton d'affirmer que Krug a changé depuis que Rémy Martin l'a rachetée. Ce ne sont bien sûr que des racontars. Ils ne reposent sur rien. Il est humain de jalouser Krug qui élabore un champagne proche de la perfection et qui le vend en conséquence — de ce point de vue Krug est bien le petrus de la Champagne. Que le Krug millésimé ait évolué, que son style soit différent d'il y a trente ans, c'est probable et même souhaitable. Le style d'un artiste change : « On ne joue plus Bach en 1990 comme il était joué en 1930, et pourtant Bach est éternel », remarque Rémi Krug. L'esprit est différent du style et l'esprit Krug, lui, n'a pas varié. Le génie de Krug parvient à faire cohabiter ces deux principes contradictoires : la puissance et la finesse, la force et la délicatesse.

Boire du Krug est une expérience inoubliable : à la merveilleuse fluidité d'une bouteille comme la Grande Cuvée qui nécessite l'assemblage d'une quarantaine de vins, Krug prouve qu'on peut allier une structure et une trame très serrées. Au lieu des 2 666 litres de moût qu'exige la réglementation pour 4 000 kilos de raisin, Krug est encore plus sévère en extrayant seulement les 2 050 premiers litres. Par son harmonie et son équilibre, Krug incarne une certaine notion de l'ordre classique. Cette pureté est très maîtrisée, elle est le résultat de ces forces anarchiques qu'apportent tous ces crus qu'il importe de bien connaître pour les fondre harmonieusement en une seule cuvée. Quand ils dégustent leur champagne, les deux frères sont étonnamment laconiques, par exemple ils parlent peu des parfums — en Champagne c'est presque une faute de goût. « Et pourtant ces parfums existent, mais ils parlent à demi-mot. »

Chez les Krug les vendanges sont une « liturgie ». C'est bien un culte rendu au raisin, qui subit une sélection très rigoureuse avant d'être pressé. Henri et Rémi Krug ont coutume de dire qu'« un Krug simplement honorable n'est pas imaginable étant donné que chaque cuvée doit naître sous le signe de la perfection ». Ils le disent, chose plus rare, ils le font. Leur attachement aux petits fûts de chêne, qui sont devenus en Champagne une rareté, coûtent fort cher à la marque, mais cette alliance du vin et du bois appartient à la « touche Krug », décelable entre toutes.

Les deux frères sont les parfaits interprètes de cette maison hors du commun. Henri le technicien est le maître des assemblages. Au premier abord il est triste et froid comme un haut fonctionnaire du Budget. Mais son visage s'anime dès qu'on parle assemblage. Il faut entendre Henri affirmer que « la Grande Cuvée est une boule et le Clos du Mesnil un point » pour s'apercevoir que, si Krug est une liturgie, Henri en est le grand prêtre. Rémi quant à lui, s'il ne préside pas aux mystères d'Éleusis, dispense à l'extérieur la parole sacrée de Krug. Plus expansif qu'Henri, c'est un homme qui a le sens de la communication. Très tôt, il a compris la force et la magie du mythe Krug et s'est chargé d'en propager l'image inaccessible. Quand je lui ai dit avec un répugnant matérialisme que boire du Krug n'était pas à la portée de tous, il a souri : « Nous sommes les gardiens d'un musée. N'est-il pas normal de faire payer des tickets à l'entrée ? » Les tickets d'entrée de Krug sont très chers. Au moins peut-on une fois dans sa vie commettre une folie : emporter avec soi une toile du musée.

ROEDERER

L'excellence et la conscience d'incarner aussi une « certaine idée » du champagne sont ici plus voyantes. Cependant l'hôtel particulier qui abrite les bureaux de Roederer fondé en 1833 n'a rien de tapageur. Toujours cette terreur de se faire remarquer. Laisser deviner, ne jamais s'exhiber. Les bureaux et les salons n'arborent pas cette contention quelque peu puritaine qui, chez certaines marques, n'est pas dénuée de pose. Les meubles et fauteuils de la salle du conseil respirent l'aisance. Louis Roederer est une affaire prospère, sans doute la plus florissante du négoce champenois. Les ratios de rentabilité, cités comme modèle, sont parmi les plus élevés des entreprises françaises. Inutile donc de camoufler cette opulence. Elle dégage un bonheur et un bien-être qui font plaisir à voir.

Roederer possède deux atouts que beaucoup lui envient : un vignoble de 180 hectares, l'un des plus grands de Champagne, qui lui permet de pourvoir largement à son approvisionnement en raisin ; et un stock impressionnant de « vins de réserve », véritable trésor de guerre que l'on garde après chaque vendange. Le prestige et la qualité d'une maison de négoce se mesurent à ces quantités de vins accumulés pour suppléer à des années moyennes. Les vins de réserve sont toujours de haute qualité, ils sont en quelque sorte l'encre unique et précieuse indispensable pour « signer » un champagne. Cette « épargne liquide » absolument irremplaçable assure l'homogénéité de la marque et imprime aussi à la maison sa personnalité. Cette griffe se reconnaît entre toutes chez Roederer. « Sans ces vieux vins, nous serions incapables de faire du Roederer », affirme Jean-Claude Rouzaud, le chef de la maison. Entré dans l'affaire familiale en 1979, conscient de représenter une maison historique jadis bénie des Russes et du tsar

— à qui l'on doit la création du Cristal —, il regarde toujours devant lui. Le passé ne l'obsède ni ne le paralyse. « Ils ont tous perdu la tête en Champagne à cause de la prospérité », dit-il de la situation actuelle. Lui garde la tête froide, menant rondement et prestement son affaire, aimant être obéi, envisageant l'avenir avec sérénité. À l'heure actuelle, le vignoble qu'il détient et celui qu'il contrôle représentent 70 p. 100 de la production de Roederer.

L'alliance de la tradition et du moderne, on la retrouve dans la salle climatisée où sont entreposés les grands foudres de bois logeant les vins de réserve, sculptés par Radoux. Dans ce Fort Knox du champagne, un système très élaboré déshumidifie et désodorise l'air sans cesse renouvelé.

À une époque pas si lointaine Roederer ne se visitait pas. Retranchée dans son superbe isolement, la vieille société, menée d'une main de fer par Mme Olry-Roederer, se contentait d'être. Ce comportement alors suffisait pour régner. Personne ne contestait à cette femme de caractère la souveraineté et la réputation de sa maison. La Champagne doit beaucoup à la personnalité de ces veuves qui, sans y être préparées, ont dû ceindre la couronne pour assurer la continuité de la maison et celle de la dynastie. Spécialité commerciale typiquement champenoise, la veuve ne véhicule pas une image de malheur, ce statut fièrement revendiqué est un signe de rectitude envoyé à la clientèle. Le message est clair : une veuve ne peut qu'être sérieuse. Il est notifié qu'elle n'a plus pour seule consolation que le travail bien fait.

À la mort de son époux, Mme Olry-Roederer devint en 1933 seule directrice de la maison pendant quarante-deux ans, jusqu'en 1975. Femme impérieuse et énergique, réputée pour l'éclat de ses réceptions mondaines et sa fameuse écurie de trotteurs, elle contribua sans nul doute à rehausser un peu plus le prestige de la maison. Il reste qu'en fin de règne l'organisation et les méthodes avaient besoin d'être renouvelées. « Quand je suis arrivé, c'était un peu le château de la Belle au bois dormant », se souvient Jean-Claude Rouzaud, qui a largement ouvert les fenêtres sur le monde extérieur. Roederer fait partie avec Krug, Bollinger et Deutz du « grand quatuor » de la Champagne. Beaucoup de gens se damneraient pour savourer une bouteille de Cristal, cuvée aussi fabuleuse que le Dom Pérignon (l'écrivain américain Truman Capote plaçait en premier le Cristal).

Qu'il me soit permis de citer ici un souvenir personnel. Après trois ans d'absence de France pendant lesquels je fus privé de vin, ma pénitence a pris fin par un Cristal 1977, année plutôt moyenne en Champagne mais que Roederer a réussi superbement. Comme dans le Bordelais, la qualité d'une maison se juge à la capacité de réussir un millésime qui passe pour moyen ou médiocre. Le Cristal avait un nez délicat de pain grillé. Ayant perdu le sens du goût après cette période d'abstinence, je n'ai rien ressenti la première fois. Néanmoins ce Cristal garde pour moi le goût inoubliable de la liberté.

« Puissant, fin, fruité », tels sont les trois principes sur lesquels repose l'assemblage du Cristal et que l'on répète à l'envi chez Roederer comme une formule magique. Roederer soigne les moindres détails jusqu'à ce carton contenu dans chaque caisse où il est demandé impérativement à l'acquéreur de conserver jusqu'au dernier moment la précieuse bouteille blanche dans son enveloppe de cellophane teintée. Cette protection est destinée à préserver le vin contre les effets néfastes de la lumière naturelle ou artificielle.

POMMERY

Encore une veuve ! Louise Pommery n'avait pas dépassé la quarantaine lorsque la mort de son mari, en 1858, l'obligea à prendre la direction d'une maison fondée vingt-deux ans auparavant. Avec Mme Clicquot, c'est l'autre grande dame du champagne. Louise-Alexandrine est très différente de sa rivale Nicole-Barbe

(Clicquot), excepté sur un point : le sens des affaires. Du reste, elles ne se feront pas trop concurrence. À Mme Clicquot le marché russe, à Mme Pommery le marché anglais. Alors que la première dépense avec circonspection et gère avec mesure, la seconde brave les convenances et prend des décisions hardies qui inquiètent parfois son entourage.

L'un de ses traits de génie est d'avoir acheté hors de la ville un terrain sur la butte de la colline Saint-Nicaise. Sur l'emplacement des anciennes crayères (carrières de pierre ayant servi à la construction de Reims), elle fait creuser par des mineurs belges et français dix-huit kilomètres de galeries, véritable ville souterraine possédant ses places (les puits anciens) et ses quartiers. Puis elle décide de construire sur ces hauteurs les bâtiments d'exploitation, choisissant un style qui montre son culot et surtout un sens du spectacle inconnu à l'époque. Peu soucieuse de la discrétion champenoise, la « veuve joyeuse » a choisi de faire étalage de sa réussite et de donner un décor majestueux à sa maison de négoce. Non par vanité mais par une intuition très nouvelle que le XXe siècle va mettre largement en usage : le concept d'image de marque. La folie architecturale de Louise Pommery, que l'on peut encore admirer aujourd'hui, n'était pas si extravagante même si elle témoigne d'une certaine mégalomanie. Le style anglo-écossais de l'ensemble rendait un hommage à ses clients d'outre-Manche.

L'architecture était très fonctionnelle pour l'époque — et elle le demeure car le nouveau dispositif, avec ses cuveries du XXIe siècle, se fond admirablement dans le décor du siècle passé. Le comportement de Louise Pommery n'est pas sans rappeler celui des propriétaires bordelais qui, au même moment, inventaient avec le château viticole la notion de théâtralité.

Ce sens de la mise en scène se retrouve aujourd'hui dans les caves de Pommery, les plus grandioses de la Champagne. L'escalier colossal avec ses cent seize marches a des accents hollywoodiens. La veuve Pommery ne se contenta pas de creuser des caves, son sens du spectacle la conduisit à exalter « le génie du lieu » en offrant au visiteur la vision de trois panneaux monumentaux sculptés dans la craie par Navlet, représentant *La Fête de Bacchus*, *Le Champagne au XVIIIe siècle* et *Silène*. Le grand foudre en chêne de Hongrie décoré par Gallé en 1904 témoigne aussi de ce sens du luxe et de la représentation.

Toutes les caves se ressemblent, sauf celles de Pommery. Les cheminées des crayères projetant sur les galeries une lumière diffuse donnent au visiteur l'impression de se trouver au fond d'un puits en forme d'œuf. Ce clair-obscur venu d'en haut amplifiant les proportions et accentuant la perspective évoque l'univers vertigineux du graveur Piranèse. Ces avenues noires de bouteilles mais désertes, ce monde immobile et muet, où le champagne travaille en silence sous un halo humide que transfigure la pâle clarté des lampes, procurent une impression d'étrangeté qu'accentue l'inextricable labyrinthe de galeries.

On a dit de Louise Pommery qu'« elle aurait dirigé aussi bien un ministère que sa maison de commerce ». Aujourd'hui, c'est un de ses descendants, le prince Alain de Polignac, qui assure la direction technique de Pommery. De sa flamboyante aïeule, il dit : « C'était une femme imaginative dont il fallait souvent freiner l'imagination. » Après avoir été rachetée par Xavier Gardinier, la marque est à présent la propriété du groupe BSN. Il faut ici rendre hommage à Xavier Gardinier qui a permis la résurrection d'une « folie » construite par Louise Pommery à côté des chais. Cette maison est devenue l'un des lieux les plus raffinés de France : Les Crayères, d'Élyane et Gérard Boyer. Dans ce restaurant, où le prix des champagnes est étonnamment doux, la cuisine est d'une pureté qui s'accorde à toutes ces cuvées composant la carte des vins. Pommery-Boyer, deux voix, deux instruments, l'accord parfait de Reims.

Pommery produit des champagnes généralement peu dosés. Alain de Polignac recherche une forme de droiture avec une volonté de laisser s'exprimer les grands crus et la vérité de leur terroir. Le style Pommery se caractérise par un nez discret et net, une belle structure en bouche qui doit beaucoup à la finesse de la mousse. « La bulle, c'est un peu notre tanin », se plaît à dire Alain de Polignac.

BESSERAT DE BELLEFON

Voilà une marque qui a opté résolument pour son siècle sans faire d'histoire, presque avec modestie. En s'installant en 1970 dans la banlieue de Reims, cette maison créée en 1843 à Aÿ a fait un pari. Les bâtiments neufs de Besserat de Bellefon ne font pas rêver. Ils sont froidement utilitaires. Pour être exemplaire, Besserat de Bellefon n'a pas hésité à supprimer les signes d'honorabilité que sont les vieux portraits ou les meubles précieux. La mémoire de Besserat de Bellefon, c'est ici et maintenant, l'expression du « bel aujourd'hui ». De ce jeu subtil entre le nouveau et l'ancien est né ce champagne à mousse légère, baptisé Cuvée des Moines en l'honneur des moines bénédictins, un chef-d'œuvre. Cette création prouve que, même dans le respect des vieux principes, il y a toujours une place nouvelle à occuper. Ce champagne authentique, qu'il était usage d'appeler jusqu'à ces dernières années crémant, respecte l'esprit des vins qu'on élaborait jadis. La pression n'excède pas 3,5 kilogrammes environ alors que d'ordinaire elle se situe entre 5 ou 6 kilogrammes.

La qualité de Besserat de Bellefon ne cesse de croître depuis ces dernières années. Cette progression doit beaucoup à l'œnologue Jean-Louis Dohr, qui est un peu à l'image de la maison : pas de grands discours, rien que des faits et du vrai. La plupart de ceux qui élaborent le champagne intériorisent leur art. Dans une exécution où prévaut l'impalpable, on se méfie de la parole et des jongleries verbales. Le vocabulaire de la dégustation est limité, il semble même manquer de nuances. Les Champenois ont peur d'être trahis par le verbe. À l'image de Jean-Louis Dohr, l'intuition qu'ils ont de leurs vins est extraordinaire. Une connaissance qui ne recourt d'emblée ni au raisonnement ni à l'explication.

BRUNO PAILLARD

Pratiquement inconnue en France, cette maison exporte à plus de 95 p. 100. C'est un cas absolument unique dans le monde du champagne car Bruno Paillard, plutôt que de réactiver une marque en désuétude, a fondé en 1980 sa maison avec son propre nom. La plupart de ses collègues attendaient sa chute, il les a estomaqués par son aplomb, un talent incontestable et une étonnante obstination. Dix ans plus tard, Bruno Paillard a quitté son entrepôt dominant la voie rapide pour s'établir dans un immeuble neuf de la banlieue rémoise. Le personnage est tout en finesse et en nervosité contenues. Élégant, cultivé et collectionneur, il a dû bousculer en toute légalité les usages pour s'imposer. En 1980 il ne disposait d'aucun droit d'achat de raisins auprès des vignerons. Ce droit est en effet calculé sur le nombre des ventes réalisées les années précédentes. Au début, il a dû accumuler des volumes à n'importe quel prix. Ce n'est que quatre ans plus tard qu'il a pu profiter de ses premiers droits d'achat. Ce sang-froid et cette acuité ont pris des allures de revanche pour cet homme de trente-sept ans né au sein d'une vieille famille de vignerons et de courtiers. Solitairement, il est parvenu à se faire sa place. Les champagnes qu'élabore Bruno Paillard sont remarquables par leur netteté et leur profondeur. « Je signe des champagnes rares », aime-t-il à répéter. Le dosage est réduit au strict minimum. La netteté sans défaut de ces assemblages peut parfois choquer les amateurs français, lesquels aiment bien voir écrit le mot « brut » sur la bouteille alors qu'ils apprécient en fait les champagnes bien dosés à la rondeur parfois trompeuse.

ÉPERNAY ET « L'AVENUE LA PLUS CHÈRE DU MONDE »

« Le site vaut plus que la ville », écrit le journaliste Michel Marcq à propos d'Épernay. Au cœur du vignoble qui la cerne de toutes parts et lui interdit de s'étendre, la ville assoupie au creux de la Marne est bien la principauté du champagne. De par sa situation, elle pourrait prendre de grands airs, mais il n'y a guère de cités aussi peu pénétrées de leur importance. L'impression de solidité et d'aisance n'est visible que dans l'avenue de Champagne, autrefois avenue de la Folie, où l'aristocratie du bouchon a pignon sur rue. C'est la principale curiosité d'une ville qui en compte peu. Certes, toutes les grandes maisons siègent à Reims. Sauf la plus importante : Moët et Chandon. Certes, l'influence est située à Reims. Sauf la principale : le CIVC, modèle à peu près unique en France. Cet organisme qui gère les intérêts communs des vignerons et des négociants est plus qu'une simple association ou un syndicat. Placé sous la tutelle de l'État et doté du pouvoir réglementaire, le CIVC dispose d'un budget impressionnant qui provient des cotisations versées aussi bien par les vignerons sur leur récolte que par les maisons de champagne sur leurs ventes en bouteilles. Dès lors, comment contester à Épernay une supériorité qui se partage entre la rue Henri-Martin, siège du CIVC, et la fameuse avenue de Champagne, « l'avenue la plus buvable du monde », selon le mot de Winston Churchill ?

MOËT ET CHANDON

Face à la mairie d'Épernay qui ouvre l'avenue de Champagne, le bâtiment de Moët déploie les attributs de sa présence. Dans un style 1920, la façade exhibe en grosses lettres son ancienneté : « Fondé en 1743 », et un gigantisme à la mesure de son rang : Moët est en effet plus de deux fois supérieur à sa « demi-sœur » Veuve Clicquot. Il dispose du plus important domaine viticole de Champagne (600 ha) et occupe le premier rang des ventes aussi bien en France qu'à l'étranger.

À l'entrée, dans l'immense vestibule, des vitrines mettent en évidence le prestige de la marque en exposant le chapeau de l'empereur, reçu à plusieurs reprises à Épernay par le fondateur de la maison, Jean-Rémy Moët. Moët et Chandon s'est d'ailleurs placé sous le double patronage de Napoléon Ier, dont la couronne surmonte le logo de la marque, et de l'inévitable dom Pérignon, dont la statue veille en sentinelle près de la grille d'entrée. Moët s'honore, comme beaucoup de maisons, de compter parmi ses clients et ses visiteurs des rois et des puissants de ce monde. Dans l'une des vitrines on peut voir la photo de François Mitterrand participant en 1950 au baptême du film *Ma pomme* de Maurice Chevalier arrosé au Moët. Le magnum du champion des courses de Formule 1 est toujours du Moët.

Le joyau de la marque c'est Dom Pérignon, une cuvée hors pair, tout à fait à la hauteur de sa renommée, qui est celle d'un champagne de légende. Tout est exemplaire dans cette cuvée : à commencer par la bouteille, copie des flacons de la fin du XVIIIe siècle, son habillage discret et raffiné et sa capsule plomb-étain. Ce dernier détail est à relever quand on sait que bon nombre de cuvées de prestige sont encapuchonnées d'un complexe aluminium-plastique peu digne de leur rang. La première cuvée de Dom Pérignon apparut sur le marché américain en 1936 — il s'agissait du millésime 1921. Elle ne fut introduite en France qu'en 1949 avec le millésime 1943 qui commémorait le bicentenaire de Moët. La maison a toujours refusé d'indiquer la quantité de Dom Pérignon qu'elle produisait.

J'ai eu le privilège de goûter chez Moët avec

Dominique Coulon, l'œnologue de la maison, plusieurs millésimes de Dom Pérignon, dégorgés le matin et bien sûr non dosés : 1978 à la fois très corsé et délié, aérien et opulent ; 1966 avec un nez de torréfaction, très vif en bouche. Mais le plus extraordinaire fut ce 1959 aux notes cacaotées, à la fois puissant et nerveux, d'une longueur aromatique impressionnante. Ce millésime, servi à la Pyramide du Louvre le 15 juillet 1989 aux chefs d'État du groupe G 7, fut dégorgé sur place par Dominique Coulon en personne. Le président Mitterrand le prisa fort et, contrairement à ses habitudes, dit-on, en redemanda.

DE VENOGE

Comme les Champs-Élysées, l'avenue de Champagne a son côté chic. Après le numéro 20 (Moët), Perrier-Jouët (numéro 26), De Venoge occupe le numéro 30. Cette maison, fondée en 1837, revient de loin.

La résurrection de la marque est récente. On peut la dater de 1986 lorsque la Compagnie de navigation mixte a placé Thierry Mantoux à la tête de la maison. Quand vous vous trouvez avenue de Champagne, observez la rosace. Derrière cette rosace, Thierry Mantoux a installé son bureau. Il ne faut pas se laisser abuser par la vitalité carnassière et le self-control quelque peu piaffant du jeune P-DG de De Venoge, auteur par ailleurs d'un ouvrage fort plaisant *BCBG. Le Guide du bon chic bon genre* (Éditions Hermé). Ce côté Rastignac de la bulle n'est qu'une façade. Sous un aplomb redoutable et des propos parfois effrontés sur le monde champenois perce une sagacité qui lui permet d'augurer et surtout d'inventer. En peu de temps il a dépoussiéré la vieille maison sans rejeter toutefois une respectabilité qu'exprime l'architecture du lieu. Ces lourdes grilles, cette porte richement ornée, cette imposante salle des Princes avec sa charpente de bateau renversé communiquent à l'ensemble une allure empreinte de distinction. C'est au crédit de Thierry Mantoux d'avoir remis certains objets à la mode : le panier de pique-nique, la carafe de cristal dans laquelle on versait, au XIXe siècle, le champagne juste avant de le servir pour le plaisir des yeux — pratique d'ailleurs contestée qui détruit une partie de l'effervescence et expose le vin à l'oxydation. L'essentiel reste la qualité grandissante des champagnes produits par De Venoge.

POL-ROGER

Sur l'avenue qui passe pour être « la plus chère du monde », cette richesse ne se voit pas. Des millions de bouteilles sont enfouies sous nos pieds dans un labyrinthe qui ressemble à l'image renversée d'une ville avec ses boulevards, ses places, ses croisements et ses culs-de-sac. Christian Pol-Roger est fasciné par cette vie invisible installée au-dessous du monde visible. Les caves sont le ventre de la Champagne, le capital de vie latente, le grand lac immobile dans lequel mûrit le vin mousseux, un monde nocturne et secret dans lequel les Champenois parviennent au grand-œuvre par l'alchimie du temps. Dans le noir et le silence, au prix de gestes infimes comme celui du remueur, s'opère la grande transmutation. Christian Pol-Roger raconte qu'un soir après le départ des employés, alors qu'il faisait visiter les caves à des amis, tout s'éteignit subitement. Passé la surprise un peu angoissante, il chercha à s'orienter. Mais il ne parvenait pas à se repérer à l'aveugle dans ce lacis de galeries qu'il croyait connaître par cœur. L'humidité, l'odeur de craie et de vin et la fraîcheur si particulière lui étaient familières, mais il se sentait perdu. De cet épisode il garde la sensation ambiguë d'avoir entrevu la grande obscurité gestatrice. Les ténèbres et la lumière, la création difficile et l'explosion au grand jour du bouchon, les caves de Pol-Roger réalisent plus que d'autres la belle métaphore de la naissance.

Dans cette maison fondée en 1849 — une des dernières marques familiales —, tout respire une distinction naturelle, un air de panache, un dilettantisme très britannique qui est le contraire de l'amateurisme. Le dilettantisme se travaille, il n'est que l'expression passionnée et esthétique de ce qu'on aime faire par-dessus tout. Ce style à la fois seigneurial et simple, cet amour de la vie et cette bienveillance vive et pétillante s'observent dans l'hospitalité si délicate des Pol-Roger. L'œil malicieux de Christian Pol-Roger, sa générosité et sa finesse, la vivacité et l'humour de son épouse sont à l'image de leur champagne, qui procure de l'alacrité. La facture d'un Pol-Roger possède un je-ne-sais-quoi d'harmonieux, de sincère et d'enjoué qui lui vaut une fidélité sans faille de la part de ses nombreux aficionados. Une foi totale comme s'il existait une connivence avec ce champagne reflétant un art de vivre. Pol-Roger est un cercle de gentlemen. Déguster un Pol-Roger, c'est aller au club et inviter un ami. Avec lui on passe de bons moments tout en bavardant. On comprend qu'il ait été le champagne favori de Winston Churchill. Quand ils l'invitaient, ses nombreux amis se sentaient tenus de lui servir cette marque. À sa mort en 1965, la maison imprima un liseré noir sur les étiquettes destinées à l'Angleterre.

BOIZEL

Quand des amis me demandent de leur recommander un bon champagne de marque d'un prix abordable, je réponds Boizel. Fondée en 1834, cette maison est située à quelques mètres de l'avenue du Champagne où sont installées les caves et la cuverie. Boizel est la seule maison de négoce dirigée par une femme : Évelyne Boizel, descendante en ligne directe du fondateur. Elle terminait ses études d'archéologie et de muséologie lorsque la disparition prématurée de son père l'a conduite à reprendre le flambeau. La tradition des veuves s'est éteinte en Champagne. Sans doute parce que les maris vivent plus longtemps. La structure des entreprises aussi a changé, transformant le mode de succession. Heureusement pour lui et pour elle, l'époux d'Évelyne Boizel est bien vivant. Avec sa femme il préside aux destinées du champagne Boizel. Christophe Roques, licencié en physique, passionné d'informatique, gouverne cette marque qui ne dispose d'aucun vignoble. Il est parvenu à pratiquer avec les vignerons une intelligente politique de présence.

Boizel est plus célèbre à l'étranger qu'en France. Alfred Hitchcock et l'Agha Khan prisaient fort cette marque. Boizel est l'une des rares maisons en Champagne à disposer d'un caveau inestimable qui renferme des vieux millésimes tels que 1834, 1870, 1893, 1900. J'ai eu le privilège de goûter chez les Boizel-Roques un inoubliable blanc de blancs 1929 provenant de Chouilly. Le nez de noix et d'amande était très expressif. Le plus saisissant était sa fraîcheur et sa pureté. Il avait traversé intact les âges pour venir jusqu'à nous, harmonieux, vif et juvénile. On ne redira jamais assez que, grâce à l'acidité et à l'effervescence, le champagne est le seul vin blanc à garder ainsi son éclat malgré le temps, suscitant des télescopages délectables avec le passé.

CASTELLANE

Avec Pommery, la Champagne arbore ici sa plus étonnante architecture. Les voyageurs du Paris-Strasbourg qui traversent en trombe Épernay n'y prêtent pas attention, croyant qu'il s'agit de la gare. La trouvaille géniale de l'architecte, Marius Toudoire, est d'avoir mis à profit la proximité de la voie ferrée pour bâtir un édifice qui ressemble à une station ferroviaire, mais qui est en fait un modèle d'architecture industrielle remarquablement adapté aux besoins d'une maison de champagne. Le corps principal est réservé à la réception de la clientèle. En contrebas, les bâtiments techniques entourent le corps principal. Adossé à la colline, Castellane a la particularité de posséder des caves creusées de plain-pied à flanc de coteau, accessibles directement à partir des bâtiments et de la voie ferrée. Marius Toudoire est le grand architecte ferroviaire de la fin du XIXe siècle. On lui doit la construction de la gare de Lyon à Paris, dont l'inspiration très éclectique se retrouve dans l'édifice de Castellane. La tour évoque les campaniles urbains du Moyen Âge italien. Comme beaucoup de bâtiments du XIXe siècle, il entend signifier la puissance et la prospérité. J'en ai gravi les 237 marches. Pour permettre de souffler, on a eu l'idée d'installer à chaque étage une rétrospective historique de la maison, si bien qu'on ne sent plus sa peine en arrivant au sommet. Se déploient alors Épernay et l'avenue de Champagne ainsi que le vignoble qui enserre la ville.

D'un trait superbe l'architecture de Castellane personnifie la vocation mondiale du champagne. Tous les noms de capitales inscrits au fronton de cette fausse gare retentissent comme l'incantation de l'aventure et l'appel à un cosmopolitisme très Belle Époque.

Née en 1895 à l'instigation du vicomte Florens de Castellane puis reprise par la famille Mérand, la marque est dirigée depuis 1983 par Hervé Augustin, petit-fils d'Alexandre Mérand et neveu de Bernard de Nonancourt, chef de Laurent-Perrier.

LES SECRETS D'AŸ

　Si Reims égale champagne, si Épernay en est la capitale, que pourrait bien incarner Aÿ ? Tout simplement sa représentation la plus achevée. Ni village ni ville, ce petit État indépendant fier de ses origines se flatte d'avoir peut-être donné naissance au vin de Champagne[1]. Le point est cependant contesté. Jean Nollevalle, sans apporter de preuves formelles, a démontré par recoupements que les premiers vins qui prirent une mousse digne de ce nom furent les vins d'Aÿ. Vignoble de rivière, Aÿ a toujours produit le vin le plus fameux de la Champagne et le vers d'Alfred de Vigny — « Dans la mousse d'Aÿ luit l'éclair d'un bonheur » — est répété ici à l'envi. Dès le XIIIe siècle la petite cité bénéficiait d'une charte communale et élisait ses représentants au suffrage universel direct.

　Cette autonomie, qui rappelle le système com-

---

1. Voir *Aÿ, la cité au double visage*, p. 247.

munal italien, fait encore d'Aÿ un cas unique au sein de l'appellation. Elle possède même son avenue de Champagne, la rue Jeanson, certes modeste, bien dans la manière pourtant de cette cité barricadée derrière la muraille de ses maisons. Il émane des rues étroites une absence d'effets dont on pressent bien qu'elle cache quelque chose. La vie est toute proche, à côté et au-dessous. On la sent vibrer à des bruits familiers : le battement d'un tonneau qui roule, un froissement de bouteilles, l'écho que renvoie une cuve vide... Tout se déroule en coulisses, à l'abri des regards, comme une existence parallèle seule connue de ceux qui ont toujours vécu là. Aÿ, c'est aussi le secret d'antiques gentilhommières aux jardins soigneusement ratissés, le silence cossu de vieux hôtels particuliers. Ces derniers affichent des allures effacées alors qu'ils recèlent des trésors.

DEUTZ

C'est toujours avec émotion que je franchis le seuil de Deutz, rue Jeanson. J'y compte un ami, Arnauld Bro de Comères. Non seulement cet homme subtil m'a fait découvrir naguère les richesses de sa maison mais il a contribué grandement à mon éducation champenoise. Mon ami Bro de Comères représente pour moi l'honnête homme de la Champagne.

Mis à part les salons de l'ancien ministère des Finances rue de Rivoli, il n'existe pas à mon sens un plus pur style Napoléon III que Deutz — si l'on peut parler de pureté à propos d'un type esthétique aussi surchargé. Ces canapés rouges, ces lustres monumentaux communiquent à l'ensemble une âme extraordinaire. Le Second Empire flamboyant atteint ici au sublime. On a mis sous cloche ces chaufferettes et ces vaisseliers, mais ils ne sont pas morts. Deutz est un musée vivant : le passé et le présent s'y confondent. La symbiose est parfaite.

BOLLINGER

Comment garder son sang-froid quand il est question de Bollinger ? Je tiens cette maison pour l'absolu en matière de champagne et je garde le souvenir de dégustations chez Christian Bizot comme le plus beau florilège du genre. Je n'ai jamais oublié le Bollinger 1914 dégusté un jour d'octobre 1984 dans la salle à manger aux panneaux de bois, demeure de Mme Jacques Bollinger, « tante Lily », autre veuve remarquable de la Champagne. Ce vin de la première saison de la guerre, vendangé par les femmes, ne montrait aucune trace d'oxydation.

Bollinger est le champagne qui accompagne les grands événements de la vie. Juste avant son mariage, le prince Charles a fait servir au White's, pour son dîner de garçons, un Bollinger 75. L'aura de cette maison est prodigieuse à l'étranger, surtout en Grande-Bretagne. Cependant la marque n'a jamais choisi la facilité. Fait sans égal en Champagne : il y a encore un tonnelier chez Bollinger. Plus insolites sont « les Vieilles Vignes françaises », un lopin planté « en foule » qui n'a jamais été touché par le phylloxéra. Ce refus de la facilité s'observe dans l'esthétique même de Bollinger, presque toujours identifiable par sa texture, sa complexité et par le caractère majestueux d'un style dû pour une large part aux vignes de pinot noir qu'il possède en propre. Ce cépage secret, réservé, qui se révèle avec lenteur, est surnommé « le taiseux ». Face à la mode des blancs de blancs frais, plaisants mais parfois faciles, Bollinger reste fidèle à sa manière ample, droite, puissante et néanmoins charmeuse.

Le style n'est rien d'autre que de bien parler dans sa propre langue. Bollinger sait faire « parler » superbement le champagne à travers le pinot noir, à commencer dans son expression la plus simple, en réalité la plus malaisée à traduire, le brut sans année. Cette bouteille, généralement la première de la gamme, donne la mesure d'une maison bien mieux que la cuvée prestige qui utilise les meilleurs crus. « Le sans-année de Bollinger est souvent aussi bon que le millésimé des autres », affirme l'écrivain Kingsley Amis. La virtuosité de Bollinger doit beaucoup aussi à la discipline et à la rectitude d'une famille qui, au fil des générations, est parvenue à rester unie.

BILLECART-SALMON

À Mareuil-sur-Aÿ, la maison Billecart-Salmon est une des plus anciennes de Champagne. Née en 1818, elle demeure une de ces marques dont les dirigeants actuels, après cinq générations, descendent en ligne directe du fondateur Nicolas-François Billecart. À l'heure des multinationales, des holdings, des prises de participation, les dynasties comme Billecart incarnent de plus en plus en Champagne une exception. Les œnologues, les dirigeants, les techniciens des groupes importants ont beau être compétents, ils ne sont que les fonctionnaires de leur entreprise. Ils sont amenés parfois à sacrifier la qualité au nom de la rentabilité et des chiffres. Ici, au contraire, le sens de la responsabilité n'a de comptes à rendre qu'à la qualité. Jean-Roland Billecart, le chef de la maison, parle d'un « charisme nécessaire ». N'est-il pas rassurant de savoir que des marques comme Billecart-Salmon continuent d'exister ? Elles possèdent ce supplément d'âme qui fera toujours la différence. La loi du profit immédiat qui guide la stratégie des grands groupes ne s'accorde pas toujours avec le champagne, produit aléatoire exposé à l'incertitude de la météorologie et des rendements. « On fait de l'intensif et non de l'extensif », résume Jean-Roland Billecart, qui ne manque pas d'ironiser sur « les usines à profit qui détruisent l'esprit champenois ».

LAURENT-PERRIER

Encore une veuve, Mathilde Laurent, à l'origine de cette maison. Sans doute la réussite la plus fabuleuse de la Champagne. Une histoire exemplaire où le courage, l'endurance et l'esprit d'équipe l'ont emporté. Bernard de Nonancourt a résisté puis créé. Après avoir combattu dans le maquis du Vercors aux côtés de l'abbé Pierre, rejoint un régiment de chars de la France libre puis pris Berchtesgaden, le nid d'aigle du Führer dans les Alpes bavaroises, il se retrouve en 1945 à la tête d'une maison en ruine dont les stocks s'élevaient à 12 000 bouteilles. Aujourd'hui la marque Laurent-Perrier, qui siège à Tours-sur-Marne, produit chaque année 8 millions de bouteilles. Elle figure au sixième rang des plus grandes maisons, ce qui en fait la plus importante firme familiale de Champagne. Au début, Bernard de Nonancourt faisait à peu près tout et assurait même les livraisons. De son époque résistante, il a appris la fraternité d'armes qui permet presque toujours de l'emporter. « Entre camarades nous étions soudés. Il faut cinq doigts pour faire une main. Un doigt seul peut, tout au plus, désigner le but à atteindre, mais une main, c'est un commando. » Le commando de choc de Bernard de Nonancourt est composé de trois hommes : François Philippoteaux, Bernard de la Giraudière et le chef de cave Alain Terrier (d'origine bordelaise). Ce sont les trois mousquetaires de Laurent-Perrier. Quand Bernard de Nonancourt vous convie à déjeuner, c'est avec les trois autres.

Le respect mutuel, le goût de vaincre et de communiquer son enthousiasme se reflètent dans le tempérament de chacun. Alain Terrier intériorise davantage son art comme il sied à un œnologue de champagne. Mais ce Bordelais d'origine possède la grâce et cette intuition de l'assemblage qui ne s'apprend pas et fait les grands chefs de cave. Il ne se lasse pas de parcourir les galeries sombres : « Se promener dans les caves procure le même plaisir et la même surprise renouvelée que dans les vignes. Les caves sont le miroir du vignoble. » Une dégustation verticale de la Cuvée Grand Siècle en sa compagnie vous donne l'impression d'avoir acquis l'intelligence des crus champenois tant ses explications paraissent limpides.

Il faut parfois savoir décrypter. La dégustation en Champagne est savante mais elliptique.

Le chef de cave a l'habitude de décoder pour lui seul ses impressions. Laurent-Perrier, c'est le sens de l'exactitude : un dosage juste, une minutie des assemblages, une véracité des crus et une ponctualité qui ne s'est jamais démentie dans la qualité.

L'AUBE, UN SUJET DÉLICAT

« Le champagne et le très bon caviar sont les seules choses que je connaisse qui coûtent cher et valent ce qu'elles coûtent », disait Hemingway. Combien de temps encore le champagne justifiera-t-il ce propos ?

Le drame de la Champagne, c'est qu'elle bute sur un mur : celui de sa délimitation. 28 000 hectares sont actuellement en production. Avant l'apparition du phylloxéra, l'aire champenoise s'étendait sur 78 000 hectares. La surface maximale est évaluée aujourd'hui à 33 000 hectares. Selon les prévisions, le vignoble va s'accroître d'environ 2 p. 100 par an. Avant l'an 2000 l'appellation champagne aura atteint ses limites naturelles de plantation. Il faudra alors gérer la pénurie. La demande continuera d'augmenter. Le champagne redeviendra-t-il un produit de haut luxe inaccessible ? Deux zones souvent décriées ont permis à ce vin exceptionnel de faire face et de maintenir la qualité : le Sézannais et l'Aube, qualifiée parfois de grenier de la Champagne. Le négoce marnais a un peu honte de l'Aube mais il ne peut s'en passer. Sur une carte viticole de la Champagne, le vignoble aubois est toujours hors échelle, encadrée dans un coin comme la Corse par rapport à l'Hexagone.

Rejoindre depuis Épernay la côte des Bar constitue une aventure qui se complique à mesure que l'on avance : où va-t-on arriver et surtout quand ? On ne regrette pas l'expédition car le paysage et les villages avec leurs pierres blanches posées à sec sont bien plus beaux que dans la Marne. Les Riceys, ensemble intact de trois villages, vaut le déplacement[1]. En plus, les touristes y sont rares. Le négoce aubois a racheté toutes les vieilles demeures. Les Riceys est la seule commune de Champagne à posséder trois appellations : Champagne, coteaux Champenois et Rosé des Riceys, l'un des rares vins rosés obtenus par cuvaison.

Si, physiquement, le vignoble aubois (6 000 ha) a du mal à entrer dans l'ensemble, il a dans le passé sauvé le négoce champenois, surtout au moment de la crise phylloxérique. Beaucoup de négociants font la moue quand on évoque l'Aube. Ils disent que ses raisins sont trop marqués et qu'ils « bourguignotent ». Les Marnais

---

1. Voir *Les Riceys, trois villages, trois appellations*, p. 257.

critiquent dans l'Aubois un arôme trop prononcé et une opulence excessive qui, selon eux, dénotent la proximité de la Côte-d'Or. Les raisins de l'Aube ont sauvé plusieurs fois la Champagne lorsque les années étaient maigres dans la Marne. Aujourd'hui, pour nombre de bruts sans année, ils font partie des notes de plus en plus nécessaires à l'accord final. Les vignerons aubois souffrent d'un complexe d'infériorité qui les porte à se dépasser. Moins routiniers et plus minutieux que les Marnais, ce sont eux, en fait, les vrais puristes du champagne. « Les mauvais champagnes ne sont pas dans l'Aube », souligne Claude Taittinger, qui ne craint pas de reconnaître que « les raisins de l'Aube sont le complément indispensable à un brut sans année ».

La configuration de la Champagne viticole défie la logique. Sur une carte, les nombreux vignobles périphériques figurent comme des taches de léopard. La Champagne est la seule délimitation qui ne se soit pas faite selon des modèles techniques (nature du sous-sol, exposition, hygrométrie), mais selon des critères historiques. Au nom de l'antériorité, seules les surfaces plantées en vignes avant la loi de 1927 ou avant le phylloxéra pouvaient revendiquer l'appellation champagne.

Rien n'est très simple dans cette Champagne très réglementée. L'exploit est d'être parvenu à élaborer un produit aussi pur au prix de tant de sophistications et même d'artifices. Transcendant un milieu naturel hostile, elle a appliqué à son art la formule de Gaston Bachelard : « On ne triomphe de la nature qu'en lui résistant. » Ironiquement il lui est arrivé aussi de lui obéir, en mettant à profit cette effervescence jadis si incommode. Avouons que tout cela est bien compliqué. Et qu'il est bien plus agréable de déguster du champagne que de le faire. Comme dit Louis Jouvet dans *Drôle de drame* : « Moi, j'ai dit bizarre ? Comme c'est bizarre. » Ce qu'on mentionne rarement, c'est qu'il attaque sa deuxième bouteille de champagne.

Genthieu, 24 juillet 1990.

REMERCIEMENTS

Je tiens à remercier ici tous ceux qui m'ont reçu et qui ont répondu patiemment à mes questions. Je veux exprimer ma reconnaissance à François Bonal qui m'a non seulement encouragé mais aussi secouru. Son travail très sûr, base indispensable à tous ceux qui écrivent sur le champagne, me fut d'une aide précieuse pendant ce voyage. Je dois beaucoup aussi à Jean-Luc Barbier, secrétaire général du CIVC, ainsi qu'à Hervé Liégent dont la compétence et la générosité furent pour moi d'une grande valeur. Je dois rendre hommage au sens de l'accueil de Christian Bizot, Christian Pol-Roger, Jean-Claude Rouzaud, Bernard de Nonancourt, Yves Bénart, Joseph Henriot, Pierre Cheval, Philippe Liger-Belair, Évelyne Boizel-Roques, Claude Taittinger, Élyane et Gérard Boyer. Je n'aurai garde d'oublier Xavier Gardinier et Claude Dulhoste, Rémi Krug, Arnauld Bro de Comères, Thierry Mantoux, Hervé Augustin, Philippe des Roys du Roure, Jean-Louis Dohr, Nicolas Faith, ainsi que Patrick Bertrand, Pierre Maury, Christophe Bernard, Jean Roland-Billecart, André Carré, Bruno Paillard, Alfred Simon, Jean-Jacques Bouffard, Jean-Michel Ducellier, Guillaume Heidsieck, André Enders, Nicole Fierobe, Michel Villedey, Anselme Selosse, Yves

Joley, Pascal Morel, Roland Dechannes, Raymond Laurent, Henri Geoffroy, François Philippoteaux, Alain Terrier, Bernard de la Giraudière, Claude Fournon, Albert Gosset, les fils Gimonnet, Dominique Coulon et Caroline Malbec. Que Catherine Guillard et Annie Lorenzo soient remerciées pour leur patience. Je tiens à remercier Marielle Issartel, qui a relu mon manuscrit. Sans Jean-Pierre Gémond enfin ce livre n'aurait jamais été écrit.

    Ce *Voyage en Champagne* s'est déroulé au gré de mon humeur. Il ne prétend être ni un guide du champagne ni un recensement de toutes les marques. Plusieurs maisons de grand mérite sont absentes. Qu'elles veuillent bien me pardonner cette omission qui n'est imputable qu'aux hasards du voyage.

J.-P. K.

SUITE AU

VOYAGE EN CHAMPAGNE

AŸ, LA CITÉ
AU DOUBLE VISAGE[1]

Il y a d'abord un mystère Aÿ. Pourquoi ce gros bourg d'apparence morne, qui a su exprimer sur ses murs toutes les nuances de gris (gris jaune, gris ardoise, gris tourterelle), est-il aussi attirant ? L'érudit Jean Nollevalle soutient que ce haut lieu du pinot noir a donné naissance au champagne, lequel a failli s'appeler « vin d'Aÿ[2] ». L'âme du champagne gît dans ces ruelles étroites et obscures qui abritent la plus ancienne des maisons de toute l'appellation, Gosset — en 1584 il y avait déjà un Pierre Gosset qui vendait son vin en tant que négociant. Nulle autre cité n'est mieux appropriée à la nature alchimique de ce vin, qui a besoin d'un monde ténébreux et silencieux pour mûrir et opérer sa transmutation.

---

1. Ce texte a été publié pour la première fois dans *L'Amateur de Bordeaux*, hors-série *Champagne, La géographie secrète*, décembre 1995.
2. *Le Vin d'Aÿ à l'origine du champagne*, voir la bibliographie p. 300.

D'habitude, l'envers du décor n'est jamais exposé à la vue. À Aÿ, c'est le contraire. Seul le côté moins séduisant est visible. La partie la plus fascinante est dissimulée. Entrevu à travers les portes cochères et les hautes murailles, ce monde caché intrigue. Que signifient cette retenue et ce goût du secret ? « Aÿ a une double vie », reconnaît son maire, Dominique Lévêque.

Ces deux visages opposés résument bien le paradoxe du champagne. Le vin de la fête, de la légèreté et de l'exubérance est issu d'un monde austère qui ne prise guère le débordement et la profusion. Aÿ symbolise cette contradiction. Nichée dans l'ovale toujours visible de ses anciennes fortifications, la vieille cité gallo-romaine ne parvient pas à dissimuler tout à fait son jeu. Derrière la circonspection des façades sans fenêtres et le dépouillement des cours percent le goût du bien-être et la saveur de la vie. L'entrée des maisons de champagne se garde de tout excès, mais on y sent la force et l'aisance des choses qui résistent à l'usure.

Tout en haut, la maison Deutz ressemblerait à un vieil hôtel particulier déserté à jamais par ses occupants si les quelques voitures garées dans la cour, les lauriers-roses dans leurs pots vernissés et la façade remise à neuf n'indiquaient une activité mystérieuse et invisible. Elle s'organise autour de trois cours, pas moins : la cour d'honneur, la cour des bureaux et la cour privée, dénommée plaisamment la cour de la « Sainte Famille » — la cour est une spécialité typiquement agéenne, espace à double sens à la fois clos et découvert. La rue Jeanson pourrait d'ailleurs être qualifiée d'avant-cour, interstice fort étroit, lui-même fermé de bâtiments et de murs. Une sonnette de couvent à l'entrée veut peut-être signifier que le champagne est une religion. Une vie laborieuse et intense se dévoile derrière cette apparence monacale. Les caves, les bureaux, les salles de réception et même le vignoble sont à l'arrière, côté jardin, si proches et pourtant totalement dérobés à la vue. Jamais production, outil de travail, gestion et habitation n'ont été en Champagne aussi admirablement rassemblés, « à portée de main », se plaît à souligner Arnauld Bro de Comères, directeur commercial de Deutz. André Lallier, le chef de la maison, demeure à cinquante mètres des bureaux.

Depuis six générations, la même famille vit au milieu de ce périmètre. Arnauld Bro de Comères travaille dans l'aile William Deutz. Les appartements de l'ancêtre fondateur, natif d'Aix-la-Chapelle étaient inoccupés depuis un siècle. Terminés en 1993, les travaux de restauration n'ont rien enlevé à la physionomie des débuts de la maison. Non seulement les tapis couleur vieux rose avec des motifs de capucines, les boiseries datant du Consulat, les vieux parquets ont été conservés, mais ils ont retrouvé au contact de la photocopieuse et des consoles design un nouvel éclat. Cette heureuse harmonie de l'ancien et du moderne, cette confusion entre l'officiel et l'intime confèrent beaucoup de charme à la vieille maison de la rue Jeanson. Le mobilier Second Empire, avec ses fauteuils crapauds capitonnés, ses marqueteries colorées, ses ornements en bronze, en écaille rouge, en nacre, en laque, ses lourds dressoirs, témoigne du faste de Deutz, maison dont la renommée explosa sous Napoléon III, partant à la conquête des marchés lointains, construisant de nouveaux bâtiments boulevard du Nord à la frontière du vignoble.

On peut certes évoquer les valeurs bourgeoises, le côté sérieux et positif des dirigeants de l'époque. Mais comme pour le reste, il ne faut pas trop se fier aux apparences. Les flamboyants salon rouge et salon noir peuvent donner l'image d'une dignité gourmée. Cependant, derrière cette componction, quelques clins d'œil que le monde champenois aime émettre à l'occasion montrent qu'il importe de ne pas trop prendre au sérieux ce cérémonial. Le vrai symbole de Deutz, ce ne sont pas ces lourdes commodes ou ces canapés profonds, mais un tableau, *La Pierrette*, qui orne la salle à manger du rez-de-chaussée. Cette œuvre de commande due à Hippolyte Lucas représente une jeune femme tenant une coupe de champagne à la main. Elle est vêtue d'un flot de dentelles et de fleurs, coiffée d'un bicorne d'arlequin. Elle est déjà un peu grise. Son regard réjoui brille d'une lueur provocante et sensuelle. Le vrai visage de la Champagne se révèle probablement dans cette œuvre du début du siècle. Il importe d'avoir l'air posé selon les convenances, mais qu'il est difficile de réprimer la joie de vivre !

Une autre représentation typiquement champenoise se situe dans cette même rue Jeanson, presque en face de Deutz. La maison est certes plus modeste. Mais les Goutorbe, à la fois vignerons et pépiniéristes, sont connus partout dans la vallée de la Marne. Ils détiennent 20 hectares sur la commune d'Aÿ, sans compter un vignoble dans le Sézannais. Henri Goutorbe, soixante-douze ans, est une figure agéenne qui pourrait matérialiser l'homme champenois. Jamais à court d'une bonne histoire ou d'une anecdote savoureuse, conteur infatigable, c'est un sphinx quand on l'interroge sur sa production. Poussé dans ses retranchements, il consent à avouer, l'œil blagueur, que « chez Goutorbe on ne donne jamais d'explication ». Son fils René parle mais ne dit rien. C'est une règle chez les Goutorbe. « Les tarifs ? On n'en propose jamais. C'est le client qui demande. »

Reconstruite entre les deux guerres, après les émeutes de 1911, la maison Ayala est sise boulevard du Nord, point limite de l'avancée urbaine. Cet empiétement, position ultime des constructions sur le vignoble, témoigne du prestige de cette marque, créée au XIXe siècle par un Colombien. « La "haute" est en haut », disait-on naguère à Aÿ. Une maison mordant sur le vignoble indiquait qu'elle était socialement élevée. Des murs de soutènement contiennent la pression de la vigne. Aÿ reste un village écrasé par les versants du vignoble. C'est par le coteau qu'il respire. Dans les vignes, on peut apercevoir de longues cheminées, les *essorts*, qui assurent l'aération des caves. Le chef actuel de la maison Ayala, Jean-Michel Ducellier, est lui aussi un bon modèle de la mentalité champenoise. Il aurait voulu être conseiller d'État. Entré chez Ayala en 1948 comme directeur, il a hérité de la marque à la mort de son chef, René Chayoux, décédé sans postérité. La pondération et le respect de la règle n'excluent pas la verve. Et du brio, Dieu sait si Jean-Michel Ducellier n'en manque pas, esprit malicieux, pince-sans-rire et orateur hors pair[1]. « Il a embelli la Champagne », s'enthousiasme Claude Taittinger.

Ancien président de l'Union des maisons de champagne, figure historique du négoce, Jean-

---

1. L'Union des maisons de champagne lui a fait la bonne surprise d'éditer ses vingt ans de discours (1975-1994), des harangues aussi instructives que savoureuses.

Michel Ducellier est à l'origine, en 1959, du contrat interprofessionnel régissant les relations du vignoble et du négoce. Ce pacte, qui a bien fonctionné jusqu'en 1990, a reposé sur un comportement typiquement champenois : le goût de la négociation permanente, la recherche du consensus. Le monde du champagne a horreur de l'approximation. Il n'aime pas improviser.

La plupart des habitations d'Aÿ sont construites sur le même schéma : une porte cochère, la remise, le garage (anciennement l'écurie), la cour. Au fond, le logis. Un système de défenses privées, « l'art du repli », selon l'expression de Pierre Cheval (champagne Gatinot). Une manière aussi d'éluder. Aÿ aime cultiver le biais, la sinuosité. Le bourg est rempli de *détours*. Le détour est la dépendance éloignée d'une maison. Autre spécialité architecturale d'Aÿ : le *paradis*, cette construction qui enjambe la rue comme un pont. Un isolement apparent, chacun chez soi, mais en contact tout de même avec le voisin.

« À Aÿ, on vit derrière les murs. On referme vite le portail », souligne Ghislain de Montgolfier, chef de Bollinger, maison qui niche à l'écart rue Jules-Lobet. Véritable labyrinthe de celliers, de chais, de caves, la marque la plus prestigieuse d'Aÿ a choisi la couleur muraille pour se fondre dans le paysage. Le style Bollinger réside bien sûr dans sa structure familiale qui a su préserver de génération en génération son indépendance, mais il se trouve aussi dans une manière inimitable d'établir la distance avec le monde extérieur.

Comme Christian Bizot, auquel il a succédé, Ghislain de Montgolfier cultive une forme d'humour qui consiste à faire ressortir avec une apparente froideur les aspects les plus sérieux ou les plus comiques d'une situation. C'est un masque autant qu'un jeu. Il se dégage des bureaux et de la salle de dégustation de la rue Jules-Lobet une liberté d'esprit, quelque chose de subtilement ludique. « Fournisseur de la Reine », Bollinger ne déteste pas l'*understatement*, cette façon allusive de n'être pas dupe. À l'image des autres maisons, elle a fini par consentir à la « communication », cette technique moderne qui prétend confondre les images avec la réalité. Cette concession aux temps nouveaux, Bollinger la pratique sans jamais s'abuser, avec élégance et une pointe de causticité.

Dans la cour du maître des lieux tambourinent les tonneaux. Une maison moins prestigieuse les soustrairait probablement à la vue. Chez Bollinger, on les exhibe avec une pointe de provocation pour bien signifier que c'est au fameux fût de 205 litres que la marque doit une partie de sa réputation. Les gens d'Aÿ comme les employés prononcent « Bollingère » ou plus familièrement « Bolling », à l'anglaise. D'un champagne puissant et rond, on dit volontiers qu'il « bollinge ». Lors des manifestations de la cité avec vin d'honneur, les habitants d'Aÿ se précipitent d'abord chez Bollinger. Ceux qui passent ici pour des nantis, ce ne sont pas les bourgeois de la ville, mais les salariés de Bollinger, véritable aristocratie du bouchon qui n'a son équivalent que chez les ouvriers du Livre. *Bollinger, emblème CGT, paradis du Parti communiste*, dénonçait il y a quelques mois un tract anonyme distribué dans la petite ville. Assertion que ne dément d'ailleurs qu'à demi le P-DG de la maison. La révolte des vignerons de 1911, qui endommagea gravement la cité, est toujours ressentie comme une blessure. « Il y a la nostalgie d'un lien social qui a été rompu », admet Ghislain de Montgolfier.

Aÿ se partage en deux : ceux qui ont un vignoble et ceux qui n'en ont pas. Paradoxalement, la cité, qui est aussi la banlieue ouvrière d'Épernay, ne vit pas exclusivement pour le champagne. La mousse est certes sa raison d'être, mais il s'agit avant tout de ce caoutchouc spongieux fabriqué par l'usine PTPM qui sert de garniture de voiture pour les véhicules Peugeot et Renault (30 kilomètres de mousse par jour). La vigne reste pourtant le jardin secret de ces agents de la SNCF et de ces employés propriétaires d'un arpent qui vont chaque jour à Épernay. Toujours la double vie !

Pour le négoce, il importe d'avoir un pied à Aÿ, beaucoup de pieds de vigne même, car dans l'assemblage d'une grande cuvée on ne saurait se passer de son pinot noir classé à 100 p. 100. Moët détient plus de 100 hectares sur la commune. Les grandes maisons (Pommery, Clicquot, Mumm, Roederer, etc.) se font un devoir d'y posséder un vendangeoir.

Cette gloire, Aÿ l'entretient avec une intrépidité quelque peu répétitive. Les dépliants des maisons et de la commune célèbrent à l'envi l'inclination d'Henri IV, de François Ier, d'Urbain II pour le vin d'Aÿ. Ne parlons pas de Voltaire, arbitre des élégances, qui célèbre le vin d'Aÿ et « son écume pétillante » (« De nos Français est l'image brillante »). Le vers d'Alfred de Vigny (« Dans la mousse d'Aÿ luit l'éclair d'un bonheur ») est devenue une scie. Il faut d'ailleurs se garder de voir un hasard dans ce ressassement : « l'éclair d'un bonheur ». Aÿ aime le bonheur. Mais avec mesure et discrétion.

On rêve quelquefois de ce personnage fabuleux, Asmodée, qui, soulevant par magie le toit des maisons, surprenait une suite de tableaux imprévus, parfois scabreux. Cependant, il est probable qu'Asmodée enlèverait aussi son âme à Aÿ. Le champagne, pour opérer sa métamorphose, n'aime pas la lumière.

LES RICEYS, TROIS VILLAGES, TROIS APPELLATIONS[1]

Est-il possible, à deux cents kilomètres de Paris, de concevoir une telle merveille ? Non pas un village, mais trois : Ricey-Bas, Ricey-Haute-Rive, Ricey-Haut. Trois bourgs de l'Aube indemnes, et une profusion de chapelles, de moulins, de lavoirs, de maisons vigneronnes, de vieilles façades en pignon, de ferronneries, de parcs secrets. Les Riceys se flattent de posséder la plus forte proportion de monuments historiques par habitant. Mais les Ricetons s'enorgueillissent surtout d'être la seule commune de Champagne à détenir trois appellations d'origine contrôlée : Champagne, Rosé des Riceys, Coteaux Champenois. Avec 750 hectares de vignobles, les Riceys sont aujourd'hui la plus importante commune viticole de toute la Champagne.

---

1. Ce texte est paru pour la première fois dans *L'Amateur de Bordeaux*, hors série *Champagne, La géographie secrète*, décembre 1995. Publié sous le pseudonyme de Jean Cottereau.

Patrie du pinot noir, les Riceys, situés à quelques kilomètres de la Bourgogne, constituent une anomalie, un cas limite. L'ambiguïté de leur histoire et de leur position géographique en fait un vignoble rare, par là remarquable. Le caractère exceptionnel de ces coteaux organisés autour de la Laignes tient à l'entremêlement de ses multiples vallons latéraux aux expositions magnifiques et à la nature de son sous-sol constitué de marnes du Kimméridgien.

Des documents attestent qu'on champagnisait les vins des Riceys sous Louis-Philippe. Au début du siècle, on tenta d'écarter cette commune de la Champagne sous prétexte qu'elle était bourguignonne, et de Bourgogne sous prétexte qu'elle était champenoise. Le décret du 4 janvier 1909 excluait l'Aube de la Champagne viticole. À la suite de la révolte de 1911 des vignerons de la Marne, déclenchée contre les vins qui continuaient à arriver de l'Aube, les vignerons aubois se soulevèrent à leur tour contre la prétention des Marnais à vouloir les exclure. On vit même, le 13 juin 1911, le drapeau rouge flotter sur le clocher de Ricey-Bas. La loi du 22 juillet 1927 devait faire entrer définitivement les Riceys dans l'appellation Champagne à condition que soient remplacés les gamays par des pinots.

« Le vieux fonds d'ostracisme à notre égard n'a pas disparu », affirme Serge Bonnet, qui dirige la plus importante maison des Riceys,

Alexandre Bonnet. Les vignerons ricetons, qui sont gens de bon sens, ne se formalisent pas trop de ce rejet. Il n'est que théorique. « 90 p. 100 des raisins partent pour la Marne », souligne Roland Dechannes, une des figures des Riceys. Il a planté sa première vigne en 1967, manipule depuis 1972 et possède aujourd'hui 12 hectares de vignes. Roland Dechannes connaît le moindre vallon, le moindre *envers* (orientation au soleil couchant), et se plaît non sans malice à montrer au visiteur les coteaux détenus par quelques grandes maisons de Reims et d'Épernay.

Avec ses collines à perte de vue qui se succèdent en doux moutonnements, ses innombrables replis capteurs de soleil, le vignoble des Riceys a quelque chose de grandiose. Patiemment, on a colonisé ici le moindre coteau, utilisé la meilleure orientation. Dans l'ordonnance, on sent l'influence bourguignonne : la côte forme un immense talus entaillé par des combes, tandis que la partie supérieure de l'escarpement est abandonnée à la friche ou à la forêt. Le goût de l'accueil des vignerons, une certaine jovialité, le sens de la table ne sont pas sans rappeler les voisins de la Côte-d'Or. Mais ce serait faire injure à ces hommes qui ont lutté pour appartenir à l'appellation Champagne de les considérer comme une « cinquième colonne » de la Bourgogne. Dans cette partie de l'Aube, les vignes sont souvent mieux tenues que dans la Marne.

Les vignerons savent qu'ils sont encore les mal-aimés. Aussi travaillent-ils beaucoup plus que d'autres pour prouver qu'ils n'ont pas démérité. Cependant ils n'éprouvent aucun complexe. On peut même affirmer qu'ils possèdent un sentiment élevé de leur dignité, fiers de la typicité de leur pinot noir, balançant d'un haussement d'épaules l'éternel reproche : « Bien sûr que notre pinot noir "terroite". Nous revendiquons cette particularité. Cette touche donne de la rondeur », se défend Serge Bonnet. Sa maison pratique, comme le négoce marnais, l'art de l'assemblage. Mais il l'exerce dans l'autre sens, en achetant des raisins dans la côte des Blancs ou dans le Sézannais. Ses champagnes soutiennent la comparaison avec nombre de maisons sises dans la Montagne de Reims ou la vallée de la Marne. Ils ont de la matière et de la longueur et leur puissance est équilibrée par une très plaisante pointe de fraîcheur.

Les Riceys doivent leur réputation au fameux rosé, qui ne représente pourtant que 10 p. 100 de la production. Ce vin tranquille, qui s'est fait connaître au grand public lors d'une émission *Apostrophes* en novembre 1987, aurait, paraît-il, été « lancé » par Louis XIV. Les terrassiers ricetons qui construisaient Versailles l'auraient fait goûter au monarque. Légende ? En tout cas, ce vin se distingue de tous les autres rosés, synonymes parfois de facilité et même de vulgarité, par sa facture tendre et subtilement aromatique. Il s'obtient par cuvaison dans de grands foudres de chêne. Le vigneron procède à de légers pigeages et parfois à des remontages. Dès le début de la fermentation intervient l'art du vigneron. « Le goût rosé ne dure qu'une heure », déclare Pascal Morel. Il arrive que le vigneron dorme au pied de sa cuve pour saisir l'instant où tout se joue. « C'est comme une femme qui accouche. Il faut être là au bon moment », ajoute-t-il. C'est un savoir-faire transmis, car « le rosé des Riceys ne s'apprend pas dans des écoles d'œnologie », souligne Gilles François[1]. Cet art tout d'intuition ne s'improvise pas. Il doit rassembler deux qualités antinomiques : la puissance et la légèreté. Dans sa jeunesse, le rosé des Riceys — qui doit être dégusté autour de 11 degrés — exhale des parfums de framboise et de violette. En vieillissant, il évolue vers des arômes de fruits secs et d'épices. À y réfléchir, est-ce vraiment un rosé ? Il est proche d'un vin rouge tout en se gardant de l'être. Sa singularité réside dans un état intermédiaire qui lui permet de vieillir et de se bonifier, à la différence des autres rosés.

J'ai eu l'occasion de déguster un rosé de Riceys 1947 absolument prodigieux. Il ne mar-

---

1. « R comme Rosé, Riceys et… rituel », *La Champagne viticole*, juillet-août 1995.

quait aucun signe de fatigue, étonnamment complexe et voluptueux. La vérité m'oblige à préciser qu'on y devinait la touche souveraine des grands bourgognes. « Mais arrêtez de considérer que c'est un défaut, s'exclama l'un des convives vignerons. Notre force, c'est que nous jouons sur les deux tableaux », ajouta-t-il avec un clin d'œil.

MONTGUEUX,
LE MONTRACHET
DE LA CHAMPAGNE[1]

Perdu dans les céréales de la plaine de Troyes, ce vignoble est placé sous le signe de la pauvreté, comme il convient aux grands terroirs. Cette colline proche de la capitale de l'Aube produit un chardonnay très recherché par les maisons d'Épernay et de Reims.

Chirac et la vigne sont les deux curiosités de Montgueux. Chirac est ce qu'on appelle ici un « trou » ou un « crot ». C'est le nom d'un lieu-dit qui forme une échancrure au pied de la colline de Montgueux. Chirac a longtemps servi de carrière. Les pierres étaient utilisées pour la construction des maisons du pays ainsi que pour les nombreux hôtels qui font la gloire de Troyes. Situé à dix kilomètres à l'ouest de la ville, le vignoble repose sur un banc de craie

---

1. Ce texte est paru pour la première fois dans *L'Amateur de Bordeaux*, hors série *Champagne. La géographie secrète*, décembre 1995. Publié sous le pseudonyme de Jean Cottereau.

auquel se sont mélangées des paillettes de gypse.

Au milieu de la vaste plaine céréalière de l'ancienne Champagne pouilleuse — appelée aujourd'hui Champagne crayeuse —, la présence du vignoble de Montgueux paraît à première vue incongrue. Par quel miracle ou par quel caprice de la nature la vigne s'est-elle implantée au milieu de ces champs immenses voués à la culture de la betterave et du blé ? Un vent aigre souffle l'hiver sur ces étendues sévères dépourvues de tout obstacle. Pas la moindre haie, pas le moindre boqueteau à l'horizon. L'été, soulagée de son triste cilice, la campagne rutile et explose. La vigne, qui est délicate et réclame des sols maigres, ne saurait *a priori* se sentir à l'aise au milieu de cette profusion. Au milieu des molles ondulations crayeuses de la campagne troyenne, la colline de Montgueux appartient à l'évidence à un monde plus intime, loin de la rudesse et de la rationalité céréalière environnante.

Depuis le Moyen Âge, la vigne a colonisé les pentes de cette butte, qui fait partie d'un ensemble comparable aux coteaux de la vallée de la Marne et à la plaine ininterrompue de la côte des Blancs. Montgueux est pourtant situé à plus de cent kilomètres d'Épernay. Le vignoble est l'un de ces innombrables îlots de l'appellation Champagne qui traduit son génie de la diversité. Cette mosaïque de terroirs et de crus est aussi à l'origine de la science de l'assemblage. Montgueux est un de ces grains de beauté sans lequel il manquerait quelque chose à la physionomie de l'appellation. Point minuscule sur la carte, ce vignoble confidentiel ne compte que 180 hectares de vignes. Lilliputien, mais si convoité. Les négociants sont présents, comme Vranken et Castellane, mais Montgueux est surtout la chasse gardée de deux grandes maisons de Reims, Charles Heidsieck et Veuve Clicquot. « Le montrachet de la Champagne », selon Daniel Thibaut, chef de cave de Charles Heidsieck, signifiant par là l'exception géologique et topographique que constitue Montgueux, coteau magnifiquement exposé, grand dévoreur de soleil, don de la nature mais plus encore miracle des hommes, à l'image de Montrachet. Cette colline étriquée qualifiée de Mont-Chauve et de « peau de chagrin » (Pierre Poupon) produit les plus grands vins blancs secs de France.

Montgueux est un des points les plus élevés de l'Aube et se paie même le luxe de culminer à 270 mètres exactement, comme la colline de Montrachet. Montrachet, Montgueux : la parenté des deux noms est évidente, elle se place sous le signe de la maigreur et de la pauvreté même si le côté misérable de Montgueux n'est plus aujourd'hui qu'une coquetterie patronymique. Le village est réparti en maisons isolées bâties au milieu de jardins et de vergers. Il compte trois cent soixante-cinq habitants et arbore une richesse circonspecte, quelque chose de cossu et de modéré — caractéristique des paysans qui ont connu naguère des temps difficiles. « Les habitants de Montgueux sont gens prudents. Bien sûr, on a toujours cultivé la vigne sur cette colline, mais pendant longtemps c'est le blé, l'orge et l'avoine qui assuraient la subsistance. Le vin ne faisait pas vivre, surtout après la crise des années 30, qui a traumatisé durablement nos pères. L'intérêt pour la vigne a démarré au milieu des années 50 », se souvient le maire de la commune, M. Cuisin. Il possède 4 hectares de vignes, mais surtout 21 hectares de cultures céréalières.

Après la Première Guerre mondiale, la vigne a bien failli disparaître de Montgueux. En 1927, on recensait en tout et pour tout deux hectares de vignes dans la commune, détenus en grande partie par un homme, Léon Beaugrand, qui croyait à la vocation champenoise de Montgueux. Il lui arrivait de vendre sa récolte au négoce. La loi de 1927 fixant la délimitation viticole de la Champagne aurait pu être fatale à Montgueux si un ami de M. Beaugrand, le député Lesaché, de Bar-sur-Seine, ne s'était battu pour imposer Montgueux ainsi que d'autres communes de l'Aube au sein de l'appellation. Dans ces années-là, on qualifiait encore le vignoble aubois de « deuxième zone », dénomination pourtant supprimée officiellement en 1919.

Aujourd'hui, Montgueux est un village ressuscité, fier d'une prospérité retrouvée même s'il ne le crie pas trop sur les toits. « Les habitants de Troyes ignorent pour la plupart notre existence », affirme Henry Beaugrand, le fils de celui qui croyait à la vigne. À la tête de 15 hectares de vignes, il vante la précocité légendaire de Montgueux. Situé au milieu de la sévère plaine de Troyes, le vignoble est toujours en avance sur les autres. Ses vignerons ont obtenu une dérogation, il y a cinq ans, pour vendanger les premiers. En septembre dernier, les degrés naturels ont souvent grimpé jusqu'à 11,5.

Henry Beaugrand estime que l'un des atouts du vignoble de Montgueux est son homogénéité. « Pas de morcellement de la propriété comme dans la Marne. Cette cohésion fait notre force. » Le plus gros propriétaire est la famille Gonet, originaire de la côte des Blancs. Elle possède actuellement 35 hectares de vignes. Les Gonet ont joué un rôle déterminant à la fin des années 50, lorsqu'ils sont arrivés à Montgueux. « Quand les gens ont vu que les Gonet investissaient, ils ont commencé à s'intéresser à la vigne », reconnaît M. Cuisin. « Historiquement, ils sont à l'origine de la renaissance de ce vignoble », confirme Denis Velut, un jeune vigneron. Comme la plupart des soixante-dix viticulteurs de la commune, il a mené de front la culture de la vigne (6 ha) et celle des céréales

(46 ha). Il vend les deux tiers de sa récolte à Charles Heidsieck et commercialise le reste. Chaque année, plus de deux cent vingt mille bouteilles sortent des caves des vingt-quatre vignerons élaborateurs.

L'encépagement est composé essentiellement de chardonnay (85 p. 100). À l'inverse des autres vignobles aubois, le pinot noir constitue ici une rareté. Il n'est cultivé par les manipulants que pour les besoins de leurs assemblages. Le chardonnay de Montgueux est unique. Irremplaçable, disent même ses nombreux adeptes, « incomparable pour sa rondeur et sa palette aromatique », affirme Philippe Thieffry, responsable du département œnologie chez Veuve Clicquot. « Le côté vif du chardonnay est différent à Montgueux. On y perçoit la craie, le silex. En même temps, la rudesse naturelle du chardonay est chez nous plus fondue », souligne Denis Velut.

« Ce sont des vins puissants, charnus, gras. Mais il faut nuancer ces caractéristiques. Curieusement, le chardonnay joue sur deux tableaux. Nous sommes dans l'Aube, pays du pinot noir. Les vins de Montgueux empruntent à ce cépage sa chair si particulière sans jamais pourtant succomber à la lourdeur. On peut dire qu'ils "terroitent", mais pour moi ce n'est pas péjoratif. Ce sont des vins qui ont beaucoup de personnalité, ils n'ont pas honte de leur origine. Dans un assemblage ils font merveille. C'est la note juste, pleine, harmonieuse qui donne à l'ensemble une tonalité particulière. Montgueux, c'est le coup de patte », déclare Daniel Thibaut. Tous s'accordent à reconnaître la tenue remarquable et la capacité à vieillir du chardonnay de Montgueux. Cependant il faut reconnaître qu'il ne parvient pas tout à fait à la finesse de la côte des Blancs.

Un signe qui ne trompe pas : les raisins de cette commune officiellement classée à 80 p. 100 sont payés 10 p. 100 plus cher que les autres. Le seul regret que l'on peut formuler a trait à l'exiguïté du vignoble. Montgueux fut la seule commune de la région de Troyes à revendiquer l'appellation Champagne alors que la ligne du coteau identique à celle de la côte des Blancs s'étend à perte de vue. En 1927, des localités comme Thorvilliers, Javernant et bien d'autres auraient pu se mettre sur les rangs. Un beau et vaste vignoble voué comme Montgueux au chardonnay aurait ainsi vu le jour. « Dommage, car Montgueux aurait pu être le chaînon d'un grand ensemble viticole des côtes de Troyes allant de Montgueux à Bouilly et dont l'histoire du vin se perd dans la nuit des temps », déplore le pédologue Claude Kossura[1].

---

1. Cité par Sylvaine Moreau dans *L'Aube, pays de Champagne*, Edica, 1995. Claude Kossura a été chargé d'établir la cartographie des sols du département de l'Aube.

LE CLOS OU L'ART
DE LA TRANSGRESSION[1]

Longtemps tabou, le monocru reste encore mal accepté par de nombreuses maisons qui estiment qu'il nie le principe sacré du champagne : l'art de l'assemblage. Deux marques parmi les plus fameuses ont pourtant osé enfreindre l'interdit : Bollinger et Krug.

Pour toute marque qui élabore une cuvée, il importe que l'exception soit la règle. Est-ce à dire que toutes ces cuvées finiront bien un jour par ne plus être exceptionnelles ? La notion de clos est une idée nouvelle en Champagne. Mais c'est surtout une transgression. S'il est vrai que le génie du champagne repose sur l'art de l'assemblage — l'alliance d'un cru avec une multitude d'autres crus —, le champagne de clos enfreint le principe sacré constituant l'acte de

---

1. Ce texte est paru pour la première fois dans *L'Amateur de Bordeaux*, hors série *Champagne. La géographie secrète*, décembre 1995. Publié sous le pseudonyme de Julien Racine.

naissance même de ce vin. En effet, l'origine du champagne se fonde non pas, comme on le croit souvent, sur l'apparition de l'effervescence, mais sur le mariage des terroirs. L'alliance de vins d'origines séparées et dissemblables constitue l'invention capitale de dom Pérignon, mort en 1715. « Il est le premier qui se soit appliqué avec succès à assortir les raisins de différentes vignes », soulignera l'abbé Pluche après la mort du Bénédictin.

Toute l'énergie d'une maison est tendue vers la science de l'assemblage. L'assemblage, c'est l'intelligence du champagne. Le sens prométhéen de l'homme qui cherche à dominer et à modifier la nature prend ici toute sa mesure. Aussi les négociants répugnent-ils naturellement à l'idée même de champagne de clos. Le monocru est non seulement un reniement de leur art mais aussi une manière de gâcher le métier. « Qu'est-ce qu'une maison de champagne ? C'est une maison qui fait de l'assemblage. Qu'est-ce qu'un champagne de vigneron ? Un monocru », résume Ghislain de Montgolfier. Le chef de la maison Bollinger ajoute : « Avec Krug, nous sommes les deux seules maisons à avoir osé enfreindre le tabou. » Chez Pol-Roger qui dispose d'un clos, ancienne vigne de l'abbaye de Pierry, on se refuse à vinifier ces raisins à part. Le Clos Saint-Pierre, propriété de Jean Pol-Roger, est pourtant une entité indiscutable. « Mais ce n'est pas champenois et ce n'est pas le travail d'une maison », déclare catégoriquement Hubert de Billy.

Pourtant le tabou n'est plus ce qu'il était. On peut toujours justifier l'existence d'un clos par des raisons historico-religieuses ou par une situation inhabituelle au milieu du vignoble. Le nom de clos est loin d'être inconnu en Champagne. La famille Brulart de Sillery possédait une vigne très réputée, connue au XVIIIe siècle sous le nom de Clos de la Maréchale. Il est peu probable que les raisins étaient vinifiés à part. À l'autre extrémité de l'appellation, les Riceys, proche de la Bourgogne, comportaient un Clos Saint-Roch naguère planté de vignes.

Le clos restera toujours une dérogation à la règle. Dans une époque qui affectionne l'anomalie, le singulier, la pièce de collection, les amateurs de champagne sont comme les autres, ils recherchent les curiosités. Comme les bibliophiles, ils apprécient les éditions originales, les tirages limités. Certes, on peut faire valoir que des parcelles remarquables méritent un traitement particulier et qu'il est dommage de les noyer dans un ensemble. En principe, le clos, notion bourguignonne où s'exprime la spécificité du climat, est un espace fermé entouré d'un mur (Clos du Mesnil de Krug, Clos Saint-Jacques ou Chaudes Terres de Bollinger). Mais un clos peut être circonscrit aussi par une haie, un chemin (Clos du Moulin de Cattier) ou même par les seuls raidillons d'un coteau (Clos des Goisses de Philipponnat). Tout clos est un monocru, mais tous les monocrus ne sont pas des clos. La distinction est d'importance. La peur de voir le moindre récoltant-manipulant qui dispose d'une ou deux parcelles se mettre à vendre sa production sous le nom de clos hante les dirigeants des grandes marques. Le clos est une déviation, un écart à la règle. Il doit le demeurer.

Le clos ne serait-il que l'expression sans génie d'un lieu-dit ? Le relevé tout bête d'un terroir ? Une simple transcription ? Si la parcelle a du génie, le vin doit en porter la marque. Pour un chef de cave, le champagne de clos peut être une façon d'exprimer son art. Il ne dispose plus sur sa palette que d'une seule couleur. Il lui faudra peindre en camaïeu, technique particulièrement difficile qui peut tout aussi bien montrer le savoir-faire que la platitude de l'artiste. Au-delà de l'habileté mise au service d'une rareté, le clos constitue pour certaines marques une manière de se distinguer du lot « commun » des cuvées spéciales. Une remarquable carte de visite. Elle peut même fonder l'identité d'une maison comme Philipponnat.

« Je constate que les clos fleurissent un peu partout en Champagne. Je ne prétendrai pas qu'on nous copie, mais qu'on nous rend hommage. » Il y a une pointe d'ironie dans les propos de Paul Couvreur, directeur général de la maison

Philipponnat. Sa maison est la première à avoir élaboré un champagne de clos, en 1936. Le Clos des Goisses n'est pas entouré mais *étayé* de murs. De vrais remparts de pierres qui soutiennent une terre miraculeusement suspendue au-dessus de la route et de la Marne. À certains endroits, la déclivité est supérieure à 35 p. 100. Le coteau tient en équilibre, exposé en plein midi, s'offrant au pouvoir réfléchissant de l'eau toute proche.

Cette situation exceptionnelle n'avait pas échappé au chef de la maison, Pierre Philipponnat, qui pressa un vigneron du coin de lui céder, en 1934, cette parcelle si bien dotée par la nature. On s'est aperçu que le coteau, en se mirant dans le canal, prenait la forme d'une bouteille. La ligne de pins sylvestres au bord de la route figure le goulot de manière assez saisissante. Ce reflet, qui est l'emblème du Clos des Goisses, a d'ailleurs donné son nom à une nouvelle cuvée de la maison, dont les raisins proviennent en partie de ce coteau.

D'un seul tenant, le Clos des Goisses s'étend sur 5,5 hectares. Ce vignoble est sans conteste l'une des curiosités de la côte des Noirs. Dans la patrie du pinot noir, une telle cuvée pourrait laisser craindre une vinosité excessive confinant parfois à la lourdeur. Cependant la puissance parfois envahissante de ce cépage est corrigée par la touche de fraîcheur du chardonnay, qui entre pour 30 p. 100 dans l'assemblage. Car, même avec un monocru, on peut assembler. « Le Clos des Goisses ne joue pas sur une seule note. C'est dans un registre étroit qu'on mesure aussi la virtuosité. Dans les seules Goisses, nous assemblons jusqu'à quinze vins différents », explique Paul Couvreur. Chez Philipponnat, on s'affirme « artisans du terroir » et « gardiens de la tradition ». La première fermentation a lieu en fûts de chêne. Le remuage s'effectue toujours à la main, sur pupitres. Le dégorgement se déroule à la volée. Au moins six années de vieillissement sont nécessaires à l'élaboration de ce vin. La bouteille longtemps reconnaissable à sa forme cognaçaise va prochainement adopter une forme plus classique. Chez Philipponnat, on recommande de boire ce champagne très vineux non seulement avec le foie gras, mais aussi avec des gibiers et des plats en sauce. Paul Couvreur conseille de passer le Clos des Goisses en carafe. C'est ainsi qu'il s'exprime le mieux, même si c'est au détriment de l'efferverscence.

Le Clos des Goisses compte des réussites incontestables, comme le millésime 1986, d'une belle ampleur quoique encore peu fermé. Le 1983 est un chef-d'œuvre, miracle d'équilibre, jouant à la fois sur la puissance et la fraîcheur, alliant force et délicatesse sans qu'aucun de ces deux principes pourtant contraires l'emporte.

VIEILLES VIGNES FRANÇAISES

Cette vigne est un véritable musée, un conservatoire de la tradition. Elle est « franche de pied » (non greffée) et conduite en foule. C'est à Cyril Ray, journaliste du *Sunday Times* et chroniqueur au célèbre magazine satirique *Punch*, que l'on doit la production de « Vieilles Vignes Françaises ». La singularité de cette vigne préphylloxérique, d'une longévité par ailleurs remarquable, avait frappé cet amateur de vin lors d'une visite chez Bollinger en 1968. N'était-il pas dommage de mélanger ces raisins aux autres ? La suggestion fut retenue et, l'année suivante, on vendangea à part les parcelles. À cette époque, les « Vieilles Vignes Françaises » ne comprenaient que deux parcelles : les 16 ares des Croix-Rouges à Bouzy (date de plantation : 1955, la vigne précédente ayant été plantée entre 1850 et 1860) et les 25 ares du Clos Saint-Jacques à Aÿ (date de plantation : 1973, la vigne précédente ayant été plantée en 1873).

Le tirage de ce premier millésime fut effectué au printemps 1970 : 2 000 bouteilles qui devinrent des pièces de collection aussitôt que le vin fut mis sur le marché en 1974. Depuis 1987, 15 ares ont été plantés derrière les bureaux de la société, rue Jules-Lobet. Cette parcelle est désignée sous le nom de Chaudes-Terres. Comme le Clos Saint-Jacques, elle est ceinte de murs qui lui donnent l'aspect d'un jardin potager. Le lopin de vignes, à l'endroit même où bat le cœur de cette vieille maison familiale, rappelle l'étroite proximité d'une maison avec son vignoble et avec ses traditions viticoles. Ce pinot noir planté « en foule » constitue un spectacle assez rare car c'est ainsi que se présentait un vignoble au Moyen Âge. Lors de la taille en février, tous les sarments sont coupés au ras du sol, à l'exception d'un seul, choisi généralement parmi les plus élevés. La taille est suivie en avril par la « bêcherie », exécutée avec une houe spéciale à bras. Le vigneron met alors le bois en terre. Cette technique du provignage était en usage partout avant le phylloxéra. Pourquoi cette vigne a-t-elle résisté ? Aucun spécialiste n'est encore parvenu à l'expliquer. Avant l'hiver, on enlève les échalas rassemblés en tas suivant la tradition champenoise. Ces travaux réalisés à la main accroissent considérablement les coûts de production, qui se trouvent majorés de 250 à 300 p. 100. Les « Vieilles Vignes Françaises » ont un rendement très faible (25 p. 100 de moins que pour les vignes plantées en ligne) et des raisins toujours plus mûrs qu'ailleurs — peut-être parce que les grappes sont très proches du sol.

C'est un privilège que de déguster ces « Vieilles Vignes Françaises », cuvée qui n'est produite qu'à 2 000 à 3 000 bouteilles dans les très bonnes années. Ce vin corsé, puissant, finement aromatique, joue sur un tout autre registre que le RD : il n'en est pas moins d'une plénitude exceptionnelle. Cyril Ray avait raison d'affirmer que les « Vieilles Vignes Françaises » avaient un côté « monstrueux ». Le vin, lui, ne l'est pas. Mais ce clos à l'ancienne est à coup sûr un monument. Un trophée antique et rare perpétuant un art disparu. Cette vigne en trois parcelles garde tout son mystère.

LE CLOS DU MESNIL

« Nous avons été parfois montrés du doigt », reconnaît Henri Krug à propos du Clos du Mesnil. Il en parle au passé. S'il est un monocru qui a fait ses preuves et confondu les détracteurs de cette conception si peu champenoise du vin, c'est bien le Clos du Mesnil. « C'est une exception en Champagne. C'est aussi une exception chez Krug », admet Henri Krug. Longtemps propriété du monastère bénédictin du Mesnil (jusqu'en 1750), le Clos du Mesnil a gardé la même configuration depuis 1698, comme l'atteste une pierre scellée dans la muraille.

C'est en 1971 que la famille Krug a racheté ce clos, alors propriété de la famille Tarin. À la mort du père, ses trois filles auraient pu diviser l'héritage et prendre chacune sa part, mais Krug, qui avait racheté la majorité, put se porter acquéreur de l'ensemble : stocks, pressoir, bâtiment d'habitation, meubles anciens. En plus du clos d'une superficie de 1,87 hectare, le domaine comprenait 3,5 hectares de vigne. À l'époque, il n'était pas question pour les Krug d'élaborer un champagne de clos. « Cet achat surtout nous sécurisait. Tous les ans, nous perdions des livreurs. Ils partaient à la coopérative ou se mettaient à manipuler », se souvient Henri. Le vignoble était alors vétuste et nécessitait un programme de rénovation complet et progressif par rotation des parcelles. Les faîtages du mur furent restaurés, les vignes de certaines parties du clos arrachées. On peut dire aujourd'hui que 80 p. 100 des vignes ont été renouvelées depuis 1972.

C'est peu à peu que l'idée de vinifier à part la production du clos a germé dans l'esprit des Krug. Il est évident qu'un tel vignoble ceint de murs et inséré dans le célèbre village du Mesnil, au cœur de la côte des Blancs, jouit naturellement d'une position remarquable. Plantée en pente douce, orientée sud-est, cette vigne était, dans l'esprit de la famille Krug, considérée depuis le début comme une entité, notamment en raison de la précocité de ses raisins. Il a fallu attendre 1979, excellente année, pour que se déclenche une décision qui mûrissait depuis huit ans. Choix difficile et révision déchirante pour cette famille qui ne badine pas avec les principes. Six mille bouteilles furent tirées et commercialisées sept ans plus tard.

Le Clos du Mesnil est tellement différent qu'il peut être millésimé une année — comme en 1983 — où il n'y a pas eu de Krug Vintage. Pour les Krug, le Clos du Mesnil ne saurait pourtant être un vin à part. Cette différence impliquerait une hiérarchie dans la qualité, idée insupportable à cette maison qui se plaît à proclamer que ses champagnes doivent être traités sur un pied d'égalité. Il n'y a donc pas de rapport de subordination ou de mérite mais plutôt une différence de composition, d'« architecture ». Dans cette maison naturellement encline aux métaphores musicales, la Grande Cuvée est comparée à une symphonie, le Clos du Mesnil à une sonate. Mais le style Krug demeure, cette touche inimitable provenant de la fermentation des moûts en petits fûts de chêne qui exprime si parfaitement toute la finesse et la pureté du chardonnay.

Henri Krug a raison d'affirmer que le Clos du Mesnil ne laisse jamais indifférent. C'est un vin de caractère qui, comme tous les grands vins, joue sur deux registres en apparence opposés, une tension admirablement résolue entre la finesse et la puissance, entre la nervosité et la rondeur. Le juste rapport de ces deux principes contraires confère à ce vin une pureté et une tension extraordinaires. Il y a un côté cistercien dans ce Clos du Mesnil. Il n'est probablement pas dû à son origine monastique, mais plutôt à l'usage du chardonnay, dont les Krug ont su tirer ici la quintessence avec un souci d'exactitude qui justifie la violation de la règle.

LE CLOS DU MOULIN

C'est un vrai et authentique clos, même si trois des quatre murs de l'enceinte originelle ont aujourd'hui disparu. Si l'on devait respecter la vérité historique, il porterait le nom de Clos Allart, du nom d'un écuyer du roi Louis XV, Allart de Maisonneuve. Cet officier produisait des vins très recherchés, commercialisés sous le titre de « vin du Clos Allart ». Ce dernier provenait-il de ce seul clos ? C'est peu probable. Un acte de vente datant de 1822, passé entre la fille d'Allart et un négociant de Reims, décrit « une grande pièce de vignes entourées de murs appelée le Clos Allart », circonscrite par la « grand-route de Reims à Louvois butant vers le couchant au moulin à vent » (superficie : 1 ha 28 a). Ce moulin à vent, connu dans la région sous le nom de « Moulin de la Liberté », fut incendié en 1834 puis reconstruit en 1842. Aujourd'hui disparu, il a donné son nom à la cuvée de cette parcelle, acquise par Jean Cattier en 1951. Les premières bouteilles datent de 1952.

Après le Clos des Goisses, c'est le plus ancien champagne de clos de l'appellation. Jean Cattier, qui souhaitait élaborer une cuvée de prestige, ne cache pas qu'à l'époque il s'était justement inspiré de l'exemple de Philipponnat. Le Clos du Moulin comprend en fait deux pièces : l'ancien Clos Allart et une autre pièce connue sous le nom d'« Au Clos Allart », d'une superficie de 17 ares 60 centiares, attenante à l'autre parcelle. Le Clos du Moulin est composé aujourd'hui de 2,2 hectares, superficie qui excède — de peu — l'ensemble *du* Clos et *au* Clos Allart. Situé au cœur de la Montagne de Reims, le vignoble, propriété de Cattier, maison familiale réputée sise à Chigny-les-Roses, est classé premier cru. La parcelle, située sur un coteau bien exposé dans la commune du Ludes, est plantée moitié en pinot noir, moitié en chardonnay. L'assemblage n'y est pas absent. « En plus de l'assemblage des deux cépages nobles de la Champagne, nous sélectionnons le meilleur de nos millésimes », souligne Jean-Jacques Cattier, l'un des deux fils de Jean. Le Clos du Moulin est en effet l'un des rares clos champenois non millésimés. Le succès du clos-du-moulin, d'un prix abordable, ne s'est jamais démenti. « Longtemps j'ai dû limiter la commande à douze bouteilles par client », précise Jean Cattier.

Les Cattier ont sans doute eu raison de déroger à la règle. Cet enclos, expression de la probité et du savoir-faire d'une maison familiale, lui sert d'emblème. Sans avoir la complexité des clos cités plus haut, c'est un champagne harmonieux, à la mousse fine bien persistante, d'une bouche vive et élégante.

LES CRAYÈRES, LES CHAMPIONS, LES CHÈVRES PIERREUSES

La maison Leclerc-Briant, dont on connaît l'enthousiasme commercial, le sens de l'innovation et de la communication, a-t-elle franchi la frontière interdite ? C'est la question que se posent certains Champenois. Ils craignent que l'apparition et la prolifération des champagnes de lieux-dits ne dénaturent l'âme du champagne. Pascal Leclerc-Briant balaie ces craintes d'un sourire : « Depuis plus de dix ans, notre chef de cave Roger Hodgkinson s'applique à vinifier séparément les principaux lieux-dits de notre propriété. On constate que certaines parcelles donnent des vins "clairs" dont la qualité reste supérieure à celle des autres. Cette qualité tient pour une large part à la précocité des raisins, observation qui vaut particulièrement pour le terroir de Cumières. » Parfaitement logique dans sa démarche, Pascal Leclerc-Briant ne craint pas de désigner ces parcelles sous le nom bourguignon de « climats ». Trois d'entre elles ont été choisies : Les Crayères, le Clos des Champions et Les Chèvres Pierreuses.

Le Clos des Champions (0,49 ha), inclus dans la propriété familiale des Leclerc-Briant au milieu du village de Cumières, correspond à la définition d'un clos puisqu'il est ceint de murs et distinct des autres vignobles attenants. Les Crayères (1,07 ha), lieu-dit situé en contrebas de la D 1, à l'ouest de Cumières, apparaissent de façon moins évidente. Cette partie est cependant le théâtre, depuis 1990, d'expériences dans le domaine de la biodynamie (labourage systématique, absence de désherbage, traitement raisonné avec soufre et bouillie bordelaise). Quant aux Chèvres Pierreuses (2,8 ha), parcelle placée à mi-coteau au-dessus de la D 1, elles peuvent constituer une entité dans la mesure où elles sont en partie circonscrites par un épaulement qui les protège du vent d'ouest dominant. L'encépagement compte une majorité de pinot noir (90 p. 100 pour Les Crayères ; 60 p. 100 pour Les Chèvres Pierreuses). Il comprend aussi du chardonnay (30 p. 100 pour le Clos des Champions) et même du meunier (10 p. 100 pour Les Crayères).

Pascal Leclerc-Briant présente ses lieux-dits dans un coffret de trois bouteilles qui constitue un bon exercice de dégustation. Les champagnes ne sont pas millésimés. La maison préfère privilégier le terroir plutôt que l'année.

La première mise en bouteilles a eu lieu en 1990. À la dégustation, le Clos des Champions se distingue des deux autres lieux-dits. C'est un champagne bien équilibré, vif et plein, marqué par un subtil mariage d'arômes de fleurs blanches et d'agrumes.

LE CLOS DES CHAULINS

Peu connu, ce clos élaboré par la maison Médot est situé au milieu du village de Pargny-lès-Reims. Il n'est pas entouré de murs mais d'une haie de thuyas et d'un bosquet qui délimitent l'ensemble. Dans ce secteur de la Petite Montagne, le pinot meunier s'exprime à plaisir. Il entre pour 30 p. 100 dans la composition de ce clos majoritairement planté en pinot noir (60 p. 100). C'est l'arrière-grand-père du chef actuel de la maison, Philippe Guidon, qui a planté cette vigne en 1927. Son nom de Chaulins provient de la chaux nécessaire à la terre naguère trop acide. Philippe Guidon tient beaucoup à son clos menacé par les constructions qui s'approchent de sa vigne. « Je suis à ma manière le dernier des Indiens », affirme-t-il non sans mélancolie. Il produit une moyenne de huit mille bouteilles par an. Il numérote ces derniers mais ne millésime pas son vin.

POSTFACE

LE GRAND JEU

*À la mémoire de
Philippe des Roys du Roure.*

J'ai écrit le *Voyage en Champagne* dans le même esprit que *Voyage à Bordeaux*, publié pour la première fois en 1989. Alors que *Voyage à Bordeaux* est lié à la période immédiate de mon retour du Liban, ce texte appartient à un autre temps. Souvent je me suis vu comme un plongeur remontant des profondeurs par paliers. Une ou deux fois dans ce livre, je fais allusion à cette épreuve. Bien des années plus tard, j'ai réalisé que ce voyage champenois avait joué un rôle non négligeable dans ce qu'on peut appeler ma convalescence.

Pendant six mois, je quittais Paris chaque semaine pour un séjour de deux ou trois jours dans la vallée de la Marne ou la côte des Blancs. C'était la fête. Dégustations, rencontres, longues promenades dans les vignes. J'aimais particulièrement errer dans les caves, ces galeries embuées possédaient une odeur vineuse, stimulante que je ne me lassais pas de respirer dans le silence. Durant mes trois années de détention, j'avais été privé de champagne. J'ai rattrapé le temps perdu. Avec beaucoup de gentillesse, les Champenois m'ont accueilli ; cet univers m'était moins familier que le bordeaux. Pour le *Matin de Paris*, quotidien qui fut le premier dans ses pages à publier un « Spécial vins », j'avais effectué plusieurs reportages dans le vignoble au début des années 80. Mais ce voyage où j'avais tout mon temps était différent. Il se révéla un bienfait et, après coup, comme une expérience inattendue. Les paysages, les hommes eurent sur moi un effet salutaire. Leur présence, leur immédiateté rassurante firent diversion. Ce contact me délivra un moment de l'obsession des jours mauvais. Je suis persuadé aujourd'hui que cette cure quelque peu spéciale m'a permis de franchir un palier. Le champagne soigne beaucoup de maux, par exemple les illusions d'optique, une forme d'inappétence. Ce traitement sur six mois a contribué à me remettre sur pied.

Comme mon précédent *Voyage à Bordeaux*, ce tour est empreint d'un enchantement et d'une ardeur retrouvée qu'on appelle l'instinct vital. Ce texte constitue aussi un exercice d'admiration pour un vin peu commun. L'admiration est une passion gaie, elle met l'âme et le cœur de belle humeur, augmentant la faculté d'agir et de savourer, rôle que le vin effervescent remplit à merveille. Je suis heureux de lui manifester ici ma gratitude. Il m'a remonté et désentravé un peu plus.

Il est nécessaire de mentionner la disparition de plusieurs figures qui apparaissent dans ce livre : Christian Bizot, chef de Bollinger, devenu un ami, que j'avais plaisir à rencontrer après son départ à la retraite. Le colonel Bonal et le chef de cave de Roederer, M. Riou, dégustateur virtuose, décédé en décembre 2010. Bernard de Nonancourt, « le dernier des géants », s'est éteint lui aussi l'an dernier. Laurent-Perrier reste à ce jour la plus importante affaire familiale. Il en existe d'autres : Bollinger, Pol-Roger, Roederer. Cette dernière est devenue propriétaire de Deutz. Krug est passé dans les mains de LVMH. Charles Heidsieck et Piper ont été rachetés par Descours, une holding familiale qui détient notamment les chaussures JM Weston.

Depuis le lancement de sa propre marque en 1981, Bruno Paillard a accompli un chemin remarquable en créant BCC, qui contrôle Boizel, Lanson, De Venoge, Chanoine, Philipponnat, Besserat de Bellefon. Pratiquement inconnu il y a vingt ans, Paul Vranken est devenu un des principaux acteurs de la

Champagne en acquérant Pommery — sans le vignoble. Joseph Henriot, propriétaire du champagne du même nom, a quitté Veuve Clicquot et s'est implanté en Bourgogne, où il détient la maison Bouchard Père et Fils à Beaune et de William Fèvre à Chablis. Hervé Augustin est le nouveau patron d'Ayala, marque passée sous le contrôle de Bollinger.

LVMH a beau occuper une position dominante avec Moët et Veuve Clicquot et un vignoble évalué à 1 600 hectares, il n'est pas en situation de monopole. Le jeu reste donc ouvert, chacun avance ses pions et les Champenois n'ont pas leur pareil pour assurer au système une fluidité sans jamais le mettre en péril. L'un des traits remarquables de la Champagne est sa capacité d'adaptation. Elle est d'autant plus remarquable qu'elle agit au sein d'un ensemble très réglementé. Le poids financier, considérable dans une organisation qui doit sans cesse anticiper et gérer plus de trois années de stocks, s'est accru.

La nouveauté est que le *Great Game*[1] champenois se joue pour une large part à Paris et non plus à Épernay ou à Reims. Ce déplacement du pôle de décision vers la capitale, qu'ont

---

1. Cette expression a été inventée par Rudyard Kipling pour désigner au XIXe siècle la lutte d'influences en Asie centrale entre l'Angleterre et la Russie. Le Grand Jeu est aussi le nom de la revue lancée en 1928 par quatre lycéens de Reims parmi lesquels Roger Vailland et René Daumal.

choisi d'habiter les chefs de maison des grands groupes et leurs états-majors, est un objet de préoccupation pour l'avenir. L'absence d'enracinement est un handicap pour un produit issu de la terre. Une marque de champagne a besoin d'être représentée autrement que par un gestionnaire qui sait baisser les coûts et optimiser ses stocks. Il entre en effet dans cette fonction une dimension humaine et culturelle impliquant un ancrage solide et durable dans l'environnement immédiat. Poser au milieu du vignoble pour la photo, convier à déjeuner la presse dans les salons désuets de la marque soigneusement entretenus puis repartir ensuite pour la capitale constituent les limites de l'exercice.

Depuis toujours, le monde du vin exige un corps. Il réclame une présence incarnée, une affectivité avec le vignoble, non un être lointain qui se contente de personnifier la marque le temps d'une date anniversaire ou du lancement d'une nouvelle cuvée. Cette confidence, livrée récemment par une personnalité champenoise faisant autorité, est à méditer : « Un chef de maison a beau rester sur place trois ou quatre jours de la semaine, il lui manquera l'essentiel, le week-end où se déroulent trois événements importants : la messe ou le temple, le passage à la pâtisserie et la brocante. Le travail, l'action ne se conçoivent que dans ce rapport au concret et dans cette sociabilité. J'appelle cela le terreau de la compréhension. Indispensable dans ce monde global. »

La séparation croissante entre le vignoble et le centre de décision constitue l'un des grands changements depuis vingt ans. C'est désormais l'amont qui va vers l'aval. Cette direction est bonne pour un cours d'eau, elle est moins naturelle pour une marque de champagne. La nature ayant horreur du vide, le chef de cave ou le responsable de la communication a remplacé le corps fantôme. Toutefois il arrive que des leaders charismatiques bousculent le jeu. La réussite de Ruinart (contrôlé par LVMH) doit beaucoup à un homme comme Roland de Calonne. Il s'était tellement identifié à la marque — l'une des plus anciennes de Champagne — que les journalistes et les sommeliers avaient fini par le percevoir comme le propriétaire. À la tête de Salon depuis 1988, Didier Depond se confond avec cette marque mythique née en 1911 et contrôlée aujourd'hui par Laurent-Perrier. Il a fait progresser cette petite maison totalement atypique, en grande partie parce qu'on lui a laissé les coudées franches.

L'autre sujet qui agite la Champagne est la révision — il ne faut surtout pas parler d'agrandissement. Cette révision fait partie aussi du Grand Jeu et attise bien des convoitises. Pendant longtemps, négoce et vignerons s'affligeaient de buter sur le mur de 34 000 hectares, la superficie maximale de l'appellation. La perspective d'une pénurie de raisins a toujours effrayé le négoce. Pour tous ces acteurs, il ne s'agit pas d'augmenter la surface du vignoble mais de récupérer en partie les 76 000 hectares perdus lors du phylloxéra.

Quarante villages vont entrer dans l'aire de l'appellation. Si tout se passe bien, c'est en 2020 que devrait sortir la première goutte de champagne issue de ces nouvelles vignes. Si tout se passe bien... L'angoisse de l'INAO, qui conduit cette révision, est en effet de se retrouver confronté, comme à Saint-Émilion, à des procédures interminables contestant des choix qui seront lourds de conséquences pour les heureux élus comme pour les refusés. On a calculé qu'une terre céréalière transformée en vignes verra sa valeur multiplier environ par 350. Faisons confiance à l'entregent et à la plasticité de la *République du champagne* (l'expression est d'un courtier) pour que les règles du jeu soient respectées et qu'il n'y ait pas de mauvais perdants.

« L'Aube, un sujet délicat », avais-je intitulé mon dernier chapitre. Ce n'est plus vrai. Je me rends souvent dans la côte des Bars, région qui compte de plus en plus dans le Grand Jeu. Pour la qualité, elle n'a plus rien à prouver et a perdu son complexe d'infériorité vis-à-vis du voisin marnais qu'elle tire de mauvais pas certaines années. L'Aube montre au passage que, pour un vin comme le champagne — mais cela vaut pour d'autres —, la constitution géologique, le relief et l'exposition sont des facteurs importants mais que la volonté humaine l'est encore plus. Au départ, rien ne justifiait l'extension de l'appellation champagne à cette région constituée de calcaires marneux du Kimméridgien, certes très propice à un vignoble de qualité mais très différente du milieu marnais. Rien ne le justifiait, mais l'homme l'a voulu, se hissant à un niveau de qualité comparable aux zones historiques (vallée de la Marne, Montagne de Reims et côte des Blancs). Signe de cette qualité : aux Riceys et ailleurs on voit affluer un nombre croissant de représentants des maisons les plus réputées d'Épernay et de Reims. Une génération de jeunes vignerons talentueux est apparue, sachant travailler le pinot noir, obtenant des vins à la fois corsés et charmeurs, souvent élégants. On ne dit plus que ce cépage « terroite », d'ailleurs ce n'est pas considéré comme un défaut, bien au contraire.

C'est un phénomène général, la médiocrité perd du terrain. Malgré l'abondance dans les grandes surfaces de fausses veuves et de marques aux particules à la mie de pain, la qualité de la bouteille standard s'est améliorée. Un nombre croissant de vignerons vinifient leur récolte eux-mêmes ou au sein de coopératives et commercialisent sous leur propre étiquette. Ces champagnes de petits propriétaires sont recherchés surtout par la clientèle française. Cela n'empêche pas ces vignerons de vendre une partie de leurs raisins au négoce.

Le réchauffement climatique est plus préoccupant qu'ailleurs pour la Champagne qui abhorre les étés tropicaux de la dernière décennie, caractérisée par une chute du niveau d'acidité. La précocité des vendanges a eu au moins pour effet de diminuer le dosage et d'obtenir des vins plus purs et plus droits. Depuis 1988, la région a connu des vendanges parfois difficiles mais jamais franchement mauvaises. Une conscience écologique commence à se faire jour. La candidature de la Champagne au Patrimoine mondial de l'humanité est une bonne nouvelle. Trois sites, qui m'avaient séduit lors de ce *Voyage*, sont sur la liste : la colline Saint-Nicaise à Reims, l'avenue de Champagne à Épernay et le coteau historique entre Hautvillers et Mareuil-sur-Aÿ.

On ne manquera pas de me trouver plus indulgent pour la Champagne que pour Bordeaux (voir la postface de *Voyage à Bordeaux*). Outre qu'on est toujours plus sévère pour les siens, ce vignoble septentrional n'a cessé, depuis ma toute première visite, de susciter mon enthousiasme par son aptitude à sublimer la double imperfection du climat et du sous-sol. À l'origine, rien ne lui était donné. Dans la rude compétition qui opposait au XVIIIe siècle les vignobles français, et qui fixe encore aujourd'hui l'ordre des vainqueurs, « le vin d'Aÿ » était bien désavantagé. La reprise de fermentation au printemps était perturbante. Par un retournement spectaculaire, l'anomalie est devenue un bienfait et très vite un symbole du luxe. Le « vin infernal » triompha, raconte Roger Dion[1], non seulement par ses qualités propres et une technicité inhabituelle pour l'époque mais aussi par un sens très moderne de la promotion, parvenant à être cautionné et adopté par les grands noms de la Cour.

Quand on songe que l'effervescence est provoquée dans une flûte par des fibres de cellulose laissées par le torchon utilisé pour essuyer le verre après lavage, il y a de quoi être émerveillé par le miracle champenois. Le physicien Gérard Liger-Belair[2] a démontré que les bulles naissent à partir d'impuretés ou de légères imperfections à la surface du verre. Une flûte idéalement rincée, exemplairement lisse ne produirait aucune effervescence.

Le champagne n'aime pas l'incertitude. La fragilité de l'économie mondiale, les fluctuations du marché auront-elles des conséquences sur la

1. *Histoire de la vigne et du vin en France*, voir bibliographie, p. 299.
2. *La Science du champagne* (Odile Jacob, 2006).

consommation ? Le vin effervescent passe pour un baromètre de l'optimisme des gens. Ayant connu nombre de crises, le négoce a su faire preuve de sang-froid à la différence des grands crus classés bordelais. Les prix restent dans l'ensemble raisonnables excepté pour les cuvées de prestige qui ont grimpé exagérément. Néanmoins le champagne reste encore un luxe accessible. Il avait retrouvé la croissance en 2010. À présent on lui prédit des jours difficiles. La *République du champagne* en a vu d'autres. Le Grand Jeu a encore de beaux jours devant lui...

Les Tilleuls, septembre 2011.

BIBLIOGRAPHIE

VOYAGE À BORDEAUX 1989

Histoire de la vigne et du vin en France, de Roger Dion (Flammarion, 1977).
Le Goût du vin, d'Émile Peynaud (Dunod, 1980).
La Collection ampélographique du château Haut-Brion, de Jean-Bernard Delmas (Château Haut-Brion, 1989).
Encyclopédie des vins et des alcools, d'Alexis Lichine (Robert Laffont, 1982).
Le Grand Bernard des vins de France, série inaugurée en 1984 avec l'ouvrage Pomerol, consacrée aux appellations bordelaises : Margaux, Saint-Julien, Côtes de Bourg, etc. (Éditions Jacques Legrand, Nathan).
Les Révolutions du palais, de Pierre Coste (Jean-Claude Lattès, 1987).
De l'esprit des vins. Bordeaux, sous la direction de Pierre Veilletet (Adam Biro, 1988).
Encyclopédie des crus classés du Bordelais, de Michel Dovaz (Julliard, 1989).
Bords d'eaux, de Pierre Veilletet (Arléa, 1989).

VOYAGE EN CHAMPAGNE 1990

Le Livre d'or du champagne, de François Bonal (Lausanne, Éditions du Grand Pont, 1984).
Anthologie du champagne, de François Bonal (Éditions Dominique Guéniot, 1990).
Le Grand Livre du champagne, de Gert von Paczensky (Solar, 1988).
Guide des vins de Champagne, de Guy Renvoisé (Solar, 1983).
L'Éclair d'un bonheur, de Jean-Pierre Devroey (La Manufacture, 1989).
Le Vin d'Aÿ à l'origine du champagne, de Jean Nollevalle (Fonds agéen d'histoire locale, 1988).
L'Art du champagne, de Henri et Rémi Krug (Robert Laffont, 1979).
Histoire d'un grand vin de Champagne : Bollinger, de Cyril Ray (Taillandier, 1983).
Mumm : un voyage dans l'histoire, de François Bonal (Arthaud, 1987).
Atlas des vins de France, sous la direction de Pascal Ribéreau-Gayon, avec la collaboration, pour la partie champenoise, de Jean-Luc Barbier (INAO-Hachette, 1989).
Les Vins de Champagne, de Suzanne Blanchet (Jema, 1989).
Le Guide de la Champagne, de Gilles Rossignol (La Manufacture, 1989).
Villes et villages de Champagne, de Michel Marcq (Mars et Mercure).
Naissance du champagne, de René Gandilhon (Hachette, 1968).
La Guerre du luxe, de Claude Vincent et Philippe Monnin (François Bourin, 1990).

Au pays du champagne, de C. Moreau-Bérillon (Michaud, 1922).

Le Goût du vin, d'Émile Peynaud (Dunod, 1980).

The Story of Champagne, de Nicholas Faith (Hamish Hamilton, 1988).

Histoire de la vigne et du vin en France (Les créateurs du « champagne », p. 628), de Roger Dion (Flammarion, 1977).

Revue des Monuments historiques, n° 145 (juin-juillet 1986) : Champagne-Ardenne.

Revue *L'Amateur de bordeaux* (n° 5, 1984).

Madame veuve Clicquot-Ponsardin, sa vie, son temps, de la princesse Jean de Caraman-Chimay (hors commerce, 1989).

Catalogue de l'exposition Léon Cogniet (Musée des beaux-arts d'Orléans, 1990).

Note de l'éditeur   8

VOYAGE À BORDEAUX 1989

Voyage à Bordeaux, 1989   11
Côtes de Bourg   22
Côtes de Blaye   27
Le Médoc   31
Saint-Émilion   52
Pomerol   59
Les Graves   64
Sauternes   71
La diversité extraordinaire…   76

SUITE AU « VOYAGE À BORDEAUX »

Rendez-vous au domaine de la Solitude   83
Henri Duboscq, le dissident du Médoc   95

Tentative d'autocritique : Bordeaux-bourgogne	102
Postface. Un nouveau monde	123

VOYAGE EN CHAMPAGNE 1990

Le paradoxe du champagne	143
L'au-delà du champagne	153
Le colonel et le moine	168
Un système « kolkhozien »	178
Au gré du vignoble	188
Reims et ses maisons	197
Épernay et « l'avenue la plus chère du monde »	220
Les secrets d'Aÿ	230
L'Aube, un sujet délicat	238
Remerciements	243

SUITE AU « VOYAGE EN CHAMPAGNE »

Aÿ, la cité en double visage	247
Les Riceys, trois villages, trois appellations	257
Montgueux, le montrachet de la Champagne	263
Le clos ou l'art de la transgression	270
Postface. Le Grand Jeu	287
Bibliographie	299

DU MÊME AUTEUR

Aux Éditions de la Table Ronde

LA CHAMBRE NOIRE DE LONGWOOD. Le voyage à Sainte-Hélène, 1997 (Folio n° 3083)

LA LUTTE AVEC L'ANGE, 2001 (Folio n° 3727)

RAYMOND GUÉRIN. 31, allées Damour (1re éd. Berg International, 2004), coll. « La Petite Vermillon » n° 260, 2007

Aux Éditions Fayard

COURLANDE, 2009 (Livre de Poche)

REMONTER LA MARNE, 2013

Aux Éditions des Équateurs

VOYAGE À BORDEAUX, 2011 (Folio n° 5767, repris avec *Voyage en Champagne*)

VOYAGE EN CHAMPAGNE, 2011 (Folio n° 5767, repris avec *Voyage à Bordeaux*)

Chez d'autres éditeurs

LE BORDEAUX RETROUVÉ, *Hors commerce*, 1989

L'ARCHE DES KERGUELEN. Voyage aux îles de la Désolation, *Flammarion*, 1993

LA MORALE D'YQUEM. Entretiens avec Alexandre de Lur Saluces, *coédition Mollat-Grasset*, 1999

LA MAISON DU RETOUR, *Nil éditions*, 2007 (Folio n° 4733)

LES PARUTIONS « VOYAGE » EN FOLIO

1. Folio n° 4898   Nicolas BOUVIER
   Le vide et le plein
2. Folio n° 4903   Dan O'BRIEN
   Les bisons de Broken Heart
3. Folio n° 4901   Olivier GERMAIN-THOMAS
   Le Bénarès-Kyôto
4. Folio n° 4900   David FAUQUEMBERG
   Nullarbor
5. Folio n° 5073   Blaise CENDRARS
   Le Brésil
6. Folio n° 5071   Rick BASS
   Winter
7. Folio n° 5081   Colin THUBRON
   L'ombre de la route de la Soie
8. Folio n° 5076   Tarquin HALL
   Salaam London
9. Folio n° 5246   Joseph KESSEL
   Hong-Kong et Macao
10. Folio n° 5245   Olivier GERMAIN-THOMAS
    La tentation des Indes
11. Folio n° 5248   Dan O'BRIEN
    Rites d'automne
12. Folio n° 5249   Redmond O'HANLON
    Atlantique Nord
13. Folio n° 5405   Paul MORAND
    Londres / Le nouveau Londres
14. Folio n° 5410   Paolo RUMIZ
    Aux frontières de l'Europe
15. Folio n° 5411   Colin THUBRON
    En Sibérie
16. Folio n° 5412   Alexis DE TOCQUEVILLE
    Quinze jours dans le désert
17. Folio n° 5581   Paolo RUMIZ
    L'ombre d'Hannibal

18. Folio n° 5582   Colin THUBRON
                    Destination Kailash

19. Folio n° 5583   J. Maarten TROOST
                    La vie sexuelle des cannibales

20. Folio n° 5584   Marguerite YOURCENAR
                    Le tour de la prison

21. Folio n° 5766   Rick BASS
                    Le journal des cinq saisons

22. Folio n° 5767   Jean-Paul KAUFFMANN
                    Voyage à Bordeaux 1989 – Voyage en Champagne 1990

23. Folio n° 5768   Joseph KESSEL
                    La piste fauve

24. Folio n° 5769   Lanza DEL VASTO
                    Le pèlerinage aux sources

COLLECTION FOLIO

Dernières parutions

5401. Jacques Abeille — *Les jardins statuaires*
5402. Antoine Bello — *Enquête sur la disparition d'Émilie Brunet*
5403. Philippe Delerm — *Le trottoir au soleil*
5404. Olivier Marchal — *Rousseau, la comédie des masques*
5405. Paul Morand — *Londres* suivi de *Le nouveau Londres*
5406. Katherine Mosby — *Sanctuaires ardents*
5407. Marie Nimier — *Photo-Photo*
5408. Arto Paasilinna — *Le potager des malfaiteurs ayant échappé à la pendaison*
5409. Jean-Marie Rouart — *La guerre amoureuse*
5410. Paolo Rumiz — *Aux frontières de l'Europe*
5411. Colin Thubron — *En Sibérie*
5412. Alexis de Tocqueville — *Quinze jours dans le désert*
5413. Thomas More — *L'Utopie*
5414. Madame de Sévigné — *Lettres de l'année 1671*
5415. Franz Bartelt — *Une sainte fille et autres nouvelles*
5416. Mikhaïl Boulgakov — *Morphine*
5417. Guillermo Cabrera Infante — *Coupable d'avoir dansé le cha-cha-cha*
5418. Collectif — *Jouons avec les mots. Jeux littéraires*
5419. Guy de Maupassant — *Contes au fil de l'eau*
5420. Thomas Hardy — *Les Intrus de la Maison Haute précédé d'un autre conte du Wessex*
5421. Mohamed Kacimi — *La confession d'Abraham*
5422. Orhan Pamuk — *Mon père et autres textes*

5423. Jonathan Swift — *Modeste proposition et autres textes*
5424. Sylvain Tesson — *L'éternel retour*
5425. David Foenkinos — *Nos séparations*
5426. François Cavanna — *Lune de miel*
5427. Philippe Djian — *Lorsque Lou*
5428. Hans Fallada — *Le buveur*
5429. William Faulkner — *La ville*
5430. Alain Finkielkraut (sous la direction de) — *L'interminable écriture de l'Extermination*
5431. William Golding — *Sa majesté des mouches*
5432. Jean Hatzfeld — *Où en est la nuit*
5433. Gavino Ledda — *Padre Padrone. L'éducation d'un berger Sarde*
5434. Andrea Levy — *Une si longue histoire*
5435. Marco Mancassola — *La vie sexuelle des super-héros*
5436. Saskia Noort — *D'excellents voisins*
5437. Olivia Rosenthal — *Que font les rennes après Noël?*
5438. Patti Smith — *Just Kids*
5439. Arthur de Gobineau — *Nouvelles asiatiques*
5440. Pierric Bailly — *Michael Jackson*
5441. Raphaël Confiant — *La Jarre d'or*
5442. Jack Kerouac — *Visions de Cody*
5443. Philippe Le Guillou — *Fleurs de tempête*
5444. François Bégaudeau — *La blessure la vraie*
5445. Jérôme Garcin — *Olivier*
5446. Iegor Gran — *L'écologie en bas de chez moi*
5447. Patrick Mosconi — *Mélancolies*
5448. J.-B. Pontalis — *Un jour, le crime*
5449. Jean-Christophe Rufin — *Sept histoires qui reviennent de loin*
5450. Sempé-Goscinny — *Le Petit Nicolas s'amuse*
5451. David Vann — *Sukkwan Island*
5452. Ferdinand Von Schirach — *Crimes*
5453. Liu Xinwu — *Poussière et sueur*
5454. Ernest Hemingway — *Paris est une fête*
5455. Marc-Édouard Nabe — *Lucette*

5456. Italo Calvino	*Le sentier des nids d'araignées* (à paraître)
5457. Italo Calvino	*Le vicomte pourfendu*
5458. Italo Calvino	*Le baron perché*
5459. Italo Calvino	*Le chevalier inexistant*
5460. Italo Calvino	*Les villes invisibles* (à paraître)
5461. Italo Calvino	*Sous le soleil jaguar* (à paraître)
5462. Lewis Carroll	*Misch-Masch* et autres textes de jeunesse
5463. Collectif	*Un voyage érotique. Invitation à l'amour dans la littérature du monde entier*
5464. François de La Rochefoucauld	*Maximes* suivi de *Portrait de de La Rochefoucauld par lui-même*
5465. William Faulkner	*Coucher de soleil et autres Croquis de La Nouvelle-Orléans*
5466. Jack Kerouac	*Sur les origines d'une génération* suivi de *Le dernier mot*
5467. Liu Xinwu	*La Cendrillon du canal* suivi de *Poisson à face humaine*
5468. Patrick Pécherot	*Petit éloge des coins de rue*
5469. George Sand	*Le château de Pictordu*
5470. Montaigne	*Sur l'oisiveté* et autres Essais en français moderne
5471. Martin Winckler	*Petit éloge des séries télé*
5472. Rétif de La Bretonne	*La Dernière aventure d'un homme de quarante-cinq ans*
5473. Pierre Assouline	*Vies de Job*
5474. Antoine Audouard	*Le rendez-vous de Saigon*
5475. Tonino Benacquista	*Homo erectus*
5476. René Fregni	*La fiancée des corbeaux*
5477. Shilpi Somaya Gowda	*La fille secrète*
5478. Roger Grenier	*Le palais des livres*
5479. Angela Huth	*Souviens-toi de Hallows Farm*
5480. Ian McEwan	*Solaire*
5481. Orhan Pamuk	*Le musée de l'Innocence*

5482.	Georges Perec	*Les mots croisés*
5483.	Patrick Pécherot	*L'homme à la carabine. Esquisse*
5484.	Fernando Pessoa	*L'affaire Vargas*
5485.	Philippe Sollers	*Trésor d'Amour*
5487.	Charles Dickens	*Contes de Noël*
5488.	Christian Bobin	*Un assassin blanc comme neige*
5490.	Philippe Djian	*Vengeances*
5491.	Erri De Luca	*En haut à gauche*
5492.	Nicolas Fargues	*Tu verras*
5493.	Romain Gary	*Gros-Câlin*
5494.	Jens Christian Grøndahl	*Quatre jours en mars*
5495.	Jack Kerouac	*Vanité de Duluoz. Une éducation aventureuse 1939-1946*
5496.	Atiq Rahimi	*Maudit soit Dostoïevski*
5497.	Jean Rouaud	*Comment gagner sa vie honnêtement. La vie poétique, I*
5498.	Michel Schneider	*Bleu passé*
5499.	Michel Schneider	*Comme une ombre*
5500.	Jorge Semprun	*L'évanouissement*
5501.	Virginia Woolf	*La Chambre de Jacob*
5502.	Tardi-Pennac	*La débauche*
5503.	Kris et Étienne Davodeau	*Un homme est mort*
5504.	Pierre Dragon et Frederik Peeters	*R G Intégrale*
5505.	Erri De Luca	*Le poids du papillon*
5506.	René Belleto	*Hors la loi*
5507.	Roberto Calasso	*K.*
5508.	Yannik Haenel	*Le sens du calme*
5509.	Wang Meng	*Contes et libelles*
5510.	Julian Barnes	*Pulsations*
5511.	François Bizot	*Le silence du bourreau*
5512.	John Cheever	*L'homme de ses rêves*
5513.	David Foenkinos	*Les souvenirs*
5514.	Philippe Forest	*Toute la nuit*
5515.	Éric Fottorino	*Le dos crawlé*
5516.	Hubert Haddad	*Opium Poppy*

5517.	Maurice Leblanc	*L'Aiguille creuse*
5518.	Mathieu Lindon	*Ce qu'aimer veut dire*
5519.	Mathieu Lindon	*En enfance*
5520.	Akira Mizubayashi	*Une langue venue d'ailleurs*
5521.	Jón Kalman Stefánsson	*La tristesse des anges*
5522.	Homère	*Iliade*
5523.	E. M. Cioran	*Pensées étranglées* précédé du *Mauvais démiurge*
5524.	Dôgen	*Corps et esprit. La Voie du zen*
5525.	Maître Eckhart	*L'amour est fort comme la mort et autres textes*
5526.	Jacques Ellul	*«Je suis sincère avec moi-même» et autres lieux communs*
5527.	Liu An	*Du monde des hommes. De l'art de vivre parmi ses semblables.*
5528.	Sénèque	*De la providence* suivi de *Lettres à Lucilius (lettres 71 à 74)*
5529.	Saâdi	*Le Jardin des Fruits. Histoires édifiantes et spirituelles*
5530.	Tchouang-tseu	*Joie suprême et autres textes*
5531.	Jacques de Voragine	*La Légende dorée. Vie et mort de saintes illustres*
5532.	Grimm	*Hänsel et Gretel et autres contes*
5533.	Gabriela Adameşteanu	*Une matinée perdue*
5534.	Eleanor Catton	*La répétition*
5535.	Laurence Cossé	*Les amandes amères*
5536.	Mircea Eliade	*À l'ombre d'une fleur de lys...*
5537.	Gérard Guégan	*Fontenoy ne reviendra plus*
5538.	Alexis Jenni	*L'art français de la guerre*
5539.	Michèle Lesbre	*Un lac immense et blanc*
5540.	Manset	*Visage d'un dieu inca*
5541.	Catherine Millot	O Solitude
5542.	Amos Oz	*La troisième sphère*
5543.	Jean Rolin	*Le ravissement de Britney Spears*
5544.	Philip Roth	*Le rabaissement*

5545. Honoré de Balzac — *Illusions perdues*
5546. Guillaume Apollinaire — *Alcools*
5547. Tahar Ben Jelloun — *Jean Genet, menteur sublime*
5548. Roberto Bolaño — *Le Troisième Reich*
5549. Michaël Ferrier — *Fukushima. Récit d'un désastre*
5550. Gilles Leroy — *Dormir avec ceux qu'on aime*
5551. Annabel Lyon — *Le juste milieu*
5552. Carole Martinez — *Du domaine des Murmures*
5553. Éric Reinhardt — *Existence*
5554. Éric Reinhardt — *Le système Victoria*
5555. Boualem Sansal — *Rue Darwin*
5556. Anne Serre — *Les débutants*
5557. Romain Gary — *Les têtes de Stéphanie*
5558. Tallemant des Réaux — *Historiettes*
5559. Alan Bennett — *So shocking !*
5560. Emmanuel Carrère — *Limonov*
5561. Sophie Chauveau — *Fragonard, l'invention du bonheur*
5562. Collectif — *Lecteurs, à vous de jouer !*
5563. Marie Darrieussecq — *Clèves*
5564. Michel Déon — *Les poneys sauvages*
5565. Laura Esquivel — *Vif comme le désir*
5566. Alain Finkielkraut — *Et si l'amour durait*
5567. Jack Kerouac — *Tristessa*
5568. Jack Kerouac — *Maggie Cassidy*
5569. Joseph Kessel — *Les mains du miracle*
5570. Laure Murat — *L'homme qui se prenait pour Napoléon*
5571. Laure Murat — *La maison du docteur Blanche*
5572. Daniel Rondeau — *Malta Hanina*
5573. Brina Svit — *Une nuit à Reykjavík*
5574. Richard Wagner — *Ma vie*
5575. Marlena de Blasi — *Mille jours en Toscane*
5577. Benoît Duteurtre — *L'été 76*
5578. Marie Ferranti — *Une haine de Corse*
5579. Claude Lanzmann — *Un vivant qui passe*
5580. Paul Léautaud — *Journal littéraire. Choix de pages*

5581. Paolo Rumiz	*L'ombre d'Hannibal*
5582. Colin Thubron	*Destination Kailash*
5583. J. Maarten Troost	*La vie sexuelle des cannibales*
5584. Marguerite Yourcenar	*Le tour de la prison*
5585. Sempé-Goscinny	*Les bagarres du Petit Nicolas*
5586. Sylvain Tesson	*Dans les forêts de Sibérie*
5587. Mario Vargas Llosa	*Le rêve du Celte*
5588. Martin Amis	*La veuve enceinte*
5589. Saint Augustin	*L'Aventure de l'esprit*
5590. Anonyme	*Le brahmane et le pot de farine*
5591. Simone Weil	*Pensées sans ordre concernant l'amour de Dieu*
5592. Xun zi	*Traité sur le Ciel*
5593. Philippe Bordas	*Forcenés*
5594. Dermot Bolger	*Une seconde vie*
5595. Chochana Boukhobza	*Fureur*
5596. Chico Buarque	*Quand je sortirai d'ici*
5597. Patrick Chamoiseau	*Le papillon et la lumière*
5598. Régis Debray	*Éloge des frontières*
5599. Alexandre Duval-Stalla	*Claude Monet - Georges Clemenceau : une histoire, deux caractères*
5600. Nicolas Fargues	*La ligne de courtoisie*
5601. Paul Fournel	*La liseuse*
5602. Vénus Khoury-Ghata	*Le facteur des Abruzzes*
5603. Tuomas Kyrö	*Les tribulations d'un lapin en Laponie*
5605. Philippe Sollers	*L'Éclaircie*
5606. Collectif	*Un oui pour la vie ?*
5607. Éric Fottorino	*Petit éloge du Tour de France*
5608. E.T.A. Hoffmann	*Ignace Denner*
5608. Frédéric Martinez	*Petit éloge des vacances*
5610. Sylvia Plath	*Dimanche chez les Minton et autres nouvelles*
5611. Lucien	*« Sur des aventures que je n'ai pas eues ». Histoire véritable*

5612.	Julian Barnes	*Une histoire du monde en dix chapitres ½*
5613.	Raphaël Confiant	*Le gouverneur des dés*
5614.	Gisèle Pineau	*Cent vies et des poussières*
5615.	Nerval	*Sylvie*
5616.	Salim Bachi	*Le chien d'Ulysse*
5617.	Albert Camus	*Carnets I*
5618.	Albert Camus	*Carnets II*
5619.	Albert Camus	*Carnets III*
5620.	Albert Camus	*Journaux de voyage*
5621.	Paula Fox	*L'hiver le plus froid*
5622.	Jérôme Garcin	*Galops*
5623.	François Garde	*Ce qu'il advint du sauvage blanc*
5624.	Franz-Olivier Giesbert	*Dieu, ma mère et moi*
5625.	Emmanuelle Guattari	*La petite Borde*
5626.	Nathalie Léger	*Supplément à la vie de Barbara Loden*
5627.	Herta Müller	*Animal du cœur*
5628.	J.-B. Pontalis	*Avant*
5629.	Bernhard Schlink	*Mensonges d'été*
5630.	William Styron	*À tombeau ouvert*
5631.	Boccace	*Le Décaméron. Première journée*
5632.	Isaac Babel	*Une soirée chez l'impératrice*
5633.	Saul Bellow	*Un futur père*
5634.	Belinda Cannone	*Petit éloge du désir*
5635.	Collectif	*Faites vos jeux !*
5636.	Collectif	*Jouons encore avec les mots*
5637.	Denis Diderot	*Sur les femmes*
5638.	Elsa Marpeau	*Petit éloge des brunes*
5639.	Edgar Allan Poe	*Le sphinx*
5640.	Virginia Woolf	*Le quatuor à cordes*
5641.	James Joyce	*Ulysse*
5642.	Stefan Zweig	*Nouvelle du jeu d'échecs*
5643.	Stefan Zweig	*Amok*
5644.	Patrick Chamoiseau	*L'empreinte à Crusoé*
5645.	Jonathan Coe	*Désaccords imparfaits*
5646.	Didier Daeninckx	*Le Banquet des Affamés*

5647.	Marc Dugain	*Avenue des Géants*
5649.	Sempé-Goscinny	*Le Petit Nicolas, c'est Noël !*
5650.	Joseph Kessel	*Avec les Alcooliques Anonymes*
5651.	Nathalie Kuperman	*Les raisons de mon crime*
5652.	Cesare Pavese	*Le métier de vivre*
5653.	Jean Rouaud	*Une façon de chanter*
5654.	Salman Rushdie	*Joseph Anton*
5655.	Lee Seug-U	*Ici comme ailleurs*
5656.	Tahar Ben Jelloun	*Lettre à Matisse*
5657.	Violette Leduc	*Thérèse et Isabelle*
5658.	Stefan Zweig	*Angoisses*
5659.	Raphaël Confiant	*Rue des Syriens*
5660.	Henri Barbusse	*Le feu*
5661.	Stefan Zweig	*Vingt-quatre heures de la vie d'une femme*
5662.	M. Abouet/C. Oubrerie	*Aya de Yopougon, 1*
5663.	M. Abouet/C. Oubrerie	*Aya de Yopougon, 2*
5664.	Baru	*Fais péter les basses, Bruno !*
5665.	William S. Burroughs/ Jack Kerouac	*Et les hippopotames ont bouilli vifs dans leurs piscines*
5666.	Italo Calvino	*Cosmicomics, récits anciens et nouveaux*
5667.	Italo Calvino	*Le château des destins croisés*
5668.	Italo Calvino	*La journée d'un scrutateur*
5669.	Italo Calvino	*La spéculation immobilière*
5670.	Arthur Dreyfus	*Belle Famille*
5671.	Erri De Luca	*Et il dit*
5672.	Robert M. Edsel	*Monuments Men*
5673.	Dave Eggers	*Zeitoun*
5674.	Jean Giono	*Écrits pacifistes*
5675.	Philippe Le Guillou	*Le pont des anges*
5676.	Francesca Melandri	*Eva dort*
5677.	Jean-Noël Pancrazi	*La montagne*
5678.	Pascal Quignard	*Les solidarités mystérieuses*
5679.	Leïb Rochman	*À pas aveugles de par le monde*
5680.	Anne Wiazemsky	*Une année studieuse*

*Composition Nord Compo
Impression Maury Imprimeur
45330 Malesherbes
le 19 septembre 2014.
Dépôt légal : septembre 2014.
1er dépôt légal dans la collection : avril 2014.
Numéro d'imprimeur : 192935.*

ISBN 978-2-07-045694-9. / Imprimé en France.

278764